DIE LIPIZZANER

UND DIE SPANISCHE HOFREITSCHULE

Mythos und Wahrheit

Elisabeth Gürtler (Hg.)
Barbara Sternthal

DIE LIPIZZANER
UND DIE SPANISCHE HOFREITSCHULE
Mythos und Wahrheit

CHRISTIAN BRANDSTÄTTER VERLAG
WIEN

Inhalt

Vorwort 6

Die Ursprünge 8
Das Glück wohnt auf dem Rücken der Pferde 10 · Luxusgeschöpfe für die Habsburger – eine Vorgeschichte 12 · Ein europäisches Adelsgeschlecht auf vier Beinen 13

Vom »Rosstumblplatz« zur Winterreitschule 22
Chefsache: Reitschule 24 · Leopold I. und die unvollendete »Reitschuel« 25 · Ein kongeniales Team 27 · Die Winterreitschule 30

Zeiten und Sitten 36
Aristokratische Lustbarkeiten 38 · Vom Wiener Kongress bis zum Ende des Jahrhunderts 41 · Ende und Neubeginn – 1919–1945 43

Lipizzanergestüt Piber 50
Imperiale Idylle 52 · Geburtenstation 53 · Kindergarten 58 · Seniorenresidenz 64

Die Hohe Kunst des Reitens 66
Die wiederentdeckte Antike 68 · Üben, üben, üben! 71 · Die Gangarten der Hohen Schule 75 · Schulen auf der Erde 76 · Schulen über der Erde 78

Keine Zeit für Müssiggang 82
Arbeitsalltag zwischen Stall und Sattelkammer 84 · Frühaufsteher 88 · Vom Eleven zum Oberbereiter 93 · Hirschleder und Kammgarn 95 · Sommerfrische 97

Stars auf der Bühne 100
Elegance und Harmonie 102 · Von den jungen Hengsten bis zur Schulquadrille 103

Anhang 108
Bibliografie und Danksagung 110 · Bildnachweis 111 · Impressum 112

Vorwort

Die Spanische Hofreitschule ist in jeder Hinsicht eine Besonderheit. Schon der Name weckt Interesse und wirft Fragen auf. Wie kommt es, dass eine weltberühmte Institution in der ehemaligen Kaiserstadt Wien den Namen »Spanische« und dann noch »Hofreitschule« trägt? Dieses älteste, der Welt erhaltene Reitinstitut, das bis zum heutigen Tag die Lehre von der »Hohen Schule der klassischen Reitkunst« mündlich überliefert, hat eine sehr lange und wechselvolle Geschichte erlebt.

Die Bezeichnung »Spanische« bezieht sich auf die Pferde, die es hier zu sehen gibt. Ihre Urahnen stammen aus Spanien – von dort wurden sie im Laufe des 16. Jahrhunderts an den österreichischen Kaiserhof gebracht. Erst Ende des 19. Jahrhunderts wurde die heute bekannte Bezeichnung »Lipizzaner« üblich. Bereits seit mehr als 430 Jahren treten diese eleganten, intelligenten Pferde, die auch als älteste Kulturpferderasse Europas gelten, in der barocken Winterreitschule auf.

Österreich ist erst seit knapp hundert Jahren eine Republik. Davor herrschten die Habsburger. Das Reiten und der Anblick der edlen Hengste war über Jahrhunderte nur der Aristokratie vorbehalten, daher die Bezeichnung »Hofreitschule«. Diese lange Geschichte und die über hunderte Jahre gelebte Tradition der Pferdezucht und Reitausbildung macht die Spanische Hofreitschule auch im 21. Jahrhundert zu einem weltweiten Unikat.

Die Perfektion des Miteinanders von Pferd und Bereiter ist einzigartig und begeistert Pferdekenner aus der ganzen Welt. Aber auch Menschen, die selbst nicht reiten und dieses enorme Können und das jahrelange Training von Pferd und Mensch nicht wahrnehmen können, sind immer wieder fasziniert von dem Gesamtkunstwerk, das hier geboten wird.

Wir wollen Sie nun einladen, dieses besondere Haus, seine Geschichte, seine großartigen Pferde, Bereiter und Oberbereiter, aber auch genauso dessen Weiterentwicklung in einer modernen, veränderten Welt zu erleben und zu erlesen.

Ihre
Elisabeth Gürtler
Generaldirektorin
der Spanischen Hofreitschule–Lipizzanergestüt Piber

Gegenüberliegende Seite: »Gelebte Tradition«, das ist die Prämisse von Elisabeth Gürtler. In der ehemaligen Vizestaatsmeisterin im Dressurreiten hat das Team der Spanischen Hofreitschule eine kenntnisreiche und verständige Leiterin an der Spitze des Unternehmens.

DIE URSPRÜNGE

Oben:
Die kaiserliche Reitschule: Erzherzog Karl (der spätere Kaiser Karl VI.) auf einem Apfelschimmel in der Piaffe; links übt ein köstenbrauner Hengst die Kapriole unter dem Reiter in den Pilaren, rechts ein isabellenfarbener Hengst und ein Tiger. Gemälde von Johann Georg Hamilton, 1702.

Gegenüberliegende Seite:
Ein Schecke aus dem fürstlich-liechtensteinischen Gestüt in Eisgrub (Lednice). Gemälde von Johann Georg Hamilton (Landschaft von Anton Faistenberger), 1707.

Das Glück wohnt auf dem Rücken der Pferde

Wer die vollendete Harmonie und Eleganz sieht, mit der Pferde und Bereiter der Spanischen Hofreitschule vor ihr Publikum treten, kann sich wohl gut vorstellen, dass die Verbindung zwischen Mensch und Pferd weit zurückreichen muss. Tatsächlich sprechen wir hier von einem Zeitraum, der sich bis ungefähr 3000 v. Chr. erstreckt. Vielleicht sogar bis 5000 v. Chr., wobei sich die Archäologen da nicht ganz einig sind. Worüber man sich einig ist und was auch völlig logisch erscheint: Die Integration des leichtfüßigen, schnellen Pferdes (im Vergleich zu Rindern, die nicht nur als Zug-, sondern auch als Reittiere gedient haben) hat den Gemeinschaften viele Vorteile gebracht, und vor allem das Leben von Völkern in weiten Grasebenen – in erster Linie die Steppen Zentralasiens – grundlegend verändert. Die Versorgung mit Nahrung wurde verlässlicher (Jagd), weite Entfernungen konnten leichter und vor allem schneller überwunden werden (zum Beispiel zwischen Wasserstellen) und gegenüber unberittenen Nachbarn waren die berittenen Völker eindeutig im Vorteil.

Allerdings brauchten unsere Vorfahren in den großen prähistorischen Hochkulturen eine Weile, bis sie aufs Pferd stiegen. Ein

Die Darstellung zweier Reiter am Parthenon in Athen.

Rätsel, vor dem die Erforscher des Altertums nach wie vor stehen: Das Pferd wurde zumindest im 3. Jahrtausend v. Chr. domestiziert und war ab dem 2. Jahrtausend ein vertrauter Anblick in ganz Europa. Doch erst aus dem 1. Jahrtausend gibt es Darstellungen von Reitern. Bis dahin kamen höchstwahrscheinlich ausschließlich die auch für Könige und Adel standesgemäßen leichten Pferdegespanne zum Einsatz. Dafür aber wurden die Pferde schon früh trainiert: Aus dem mesopotamischen Reich der Hurriter kennt man die hippologische Schrift des Kikkuli (15. Jahrhundert v. Chr.), der nicht nur exakt über die Zucht schrieb, sondern für einen Zeitraum von 184 Tagen auch genaue Futter-, Pflege- und Laufanweisungen (inklusive Gangarten und Streckenmaß) gab, um das Pferd ideal für den Dienst am Wagen auszubilden.

Xenophon (links) im Gespräch mit Sokrates. Fresko in den Stanzen des Raffael (Ausschnitt), Vatikan.

Ungefähr im 8. Jahrhundert v. Chr. hatte man bereits größere Pferde gezüchtet und ganz eindeutig die Vorteile eines Kavalleristen gegenüber einem Wagenlenker erkannt. Nun war das Reiten integriert und wurde sogar ein Bestandteil der antiken Olympischen Spiele, deren zweiter Tag traditionell dem Wettreiten und dem Wagenrennen gehörte.

Den Sprung aus der griechischen Antike in die Renaissance erlaubt uns schließlich der Historiker, Heerführer und Schüler Sokrates', Xenophon, dessen Werke *Peri hippikes (Über die Reitkunst)* und *Hipparchikos (Der Reiterführer)* bis in die Renaissance und weit darüber hinaus gültig blieben. Beide Werke sind bemerkenswert moderne Arbeiten, die sich sowohl mit der Ausbildung des Pferdes als auch der des Reiters befassen. Grundsatz dabei ist die Partnerschaft zwischen Mensch und Tier – nicht Macht des einen über das andere –, nach Xenophon die einzige Möglichkeit, um sich auch in gefahrvollen Situationen ganz auf das Pferd verlassen zu können. Gewalt gegenüber dem Pferd lehnte Xenophon strikte ab. Seine Grundsätze haben die Jahrhunderte überdauert und wurden vor allem von den Meistern der Reitkunst in der Renaissance wieder aufgegriffen.

»Und in der Tat, ein Pferd, das sich stolz trägt, ist etwas so Schönes, Bewunderns- und Staunenswürdiges, dass es aller Zuschauer Augen auf sich zieht. Keiner wird müde, es anzuschauen, solange es sich in seiner Pracht zeigt.«
Xenophon

Ab dem Moment, als der Mensch sich auf dem Rücken der Pferde eingerichtet hatte, wurde es zum Statussymbol für Adel und Herrscher. Und nicht nur das – das Reiten hat den Lauf der Geschichte ganz wesentlich beeinflusst. Das Römische Reich hätte

Die Geschichte ist voller legendärer Pferde: Alexander der Große ritt auf Bukephalos (oben) bis Indien. Calligula, römischer Kaiser und im Ausleben seiner extravaganten Neurosen nicht zimperlich, machte seinem Pferd Incitatus nicht nur überaus wertvolle Geschenke und ließ es samt Dienstpersonal zwischen edlen Möbeln im eigenen Palast wohnen, sondern wollte es auch zum Konsul ernennen und ihm einen Sitz im Senat übergeben.

ohne seine Equites – reiche Bürger, die sich ein eigenes Pferd samt dazugehöriger Ausrüstung leisten konnten und eine Sonderstellung im Heer innehatten – niemals seine immense Ausdehnung erreicht; Dschingis Khan hätte die Mongolen nicht geeint und weite Teile Zentralasiens erobert; Salah ad-Din wäre gegen die Kreuzfahrerstaaten nicht so siegreich gewesen und die Kreuzfahrer selbst kaum bis zu den italienischen Häfen gekommen, von denen aus sie sich aufmachten, das Heilige Land zu erobern. Kaum saß der Mensch auf dem Pferd, zog er mit ihm in den Krieg. In jeder Kultur, in jedem Land.

Glücklicherweise ist die Geschichte nicht nur kriegerisch. Reiten war immer auch ein aristokratisches Vergnügen, wofür die Hohe Schule der Reitkunst noch heute Zeugnis ablegt. Und natürlich, der Handel! Keine Überwindung von Handelswegen wie etwa quer über die Alpen von Salzburg nach Venedig oder von Gent in die Lombardei, um Salz, Metalle und fein gewebte Stoffe gegen wertvolle Gewürze und Rohstoffe aus dem Orient zu tauschen. Auch wenn die Lasten von Ochsenwagen gezogen oder von Eseln getragen wurden, die begleitenden Abgesandten der großen Handelshäuser des Nordens ritten allesamt auf Pferden.

Luxusgeschöpfe für die Habsburger eine Vorgeschichte

Bis zum Hochmittelalter war das Reitpferd endgültig zu einem stolzen Statussymbol des Adels und der Herrscher, war aus dem Reiter ein Ritter geworden. Die Vorstellung vom liebeskranken Edelmann auf seinem stolzen Ross, der um das ätherische Burgfräulein wirbt, entspricht allerdings nur in homöopathischen Dosen der Realität. Die Wirklichkeit stellt uns eher Kataphrakte ins Blickfeld: schwer gepanzerte Reiter und Pferde als Stütze einer stoßkräftigen Kriegsführung. Ihr Hauptzweck lag darin, die Reiche nördlich der Pyrenäen und der Alpen gegen die Gefahren aus dem Süden und aus dem Osten zu bewahren – gegen die Mauren aus Spanien auf ihren blitzschnellen und perfekt ausgebildeten Araberpferden und die geschickten Bogenschützen der Türken, die den

Eindruck machten, als seien die Reiter mit dem Rücken der Pferde verwachsen.

Die Pferde Nord- und Osteuropas waren stark, schwer und grobknochig, jene der »Feinde des christlichen Abendlandes« ganz anders – feinnervig, lebhaft und doch sanft, elegant, beweglich, schneller als der Wind. Am Rand Europas, in Al-Andalus, dem Reich der Mauren, zwischen Sevilla, Córdoba und Granada, in dieser blühenden, für das katholische Europa unbegreiflichen und verwerflich-anrüchigen Hochkultur gehörten diese reinrassigen Araberpferde zum aristokratischen Selbstverständnis wie die Gärten der Paläste, die Dichtkunst oder das Lautenspiel.

Mitgebracht hatten die Mauren aber nicht nur Araber-, sondern auch die aus dem nordafrikanischen Atlasgebirge stammenden wilden Berberpferde, von denen es hieß, sie hätten das Herz eines Löwen. Und in Spanien trafen sie auf eine iberische Pferderasse, die bereits bei den Römern überaus beliebt gewesen ist und von Plinius dem Älteren und Virgil gepriesen worden war. Diese drei Rassen – Araber, Berber und Iberer – bildeten die genetische Basis einer neuen, ungewöhnlich schönen, klugen und gelehrigen Pferderasse, deren Zucht unter den Kalifen von Al-Andalus begann und die schließlich ebenso wie das reinrassige Araberpferd lange nach dem Ende der maurischen Herrschaft in Südspanien zur Veredelung nahezu aller europäischen Pferderassen herangezogen wurde.

Die Mauren hatten ihre edlen Reittiere aus dem Orient mitgebracht und hielten sich zum Teil an das im Koran überlieferte Reinheitsgebot. Denn der Legende nach stammten diese faszinierenden Pferde in gerader Linie von Mohammeds folgsamen fünf Stuten Abayyah, Saqlawiyah, Kuhaylah, Hamdaniyah und Hadbah ab, und Mohammed selbst war es, der das Gebot erließ, die eigenen Pferde *asil* (rein) zu züchten, womit das Araberpferd bis heute als älteste Haustier-Zuchtrasse der Welt gilt.

Mit der Renaissance, die sich als eine Wiedergeburt der Antike verstand, belebten sich Reitkunst und Pferdezucht auf eine neue Art. Die divertissements der Aristokratie wurden exquisiter, man errichtete Villen auf dem Land und bedurfte edler, lebhafter Pferde. Der Adel ritt nicht mehr bloß, um von A nach B zu kommen oder um Feinde zu besiegen, sondern schlicht um des Vergnügens willen. Dafür waren nicht mehr schwere Schlachtrösser gefragt, sondern bewegliche Jagd- und elegante Wagenpferde.

Zur Wiederentdeckung des klassischen Altertums gehörte auch, dass Xenophons antike Lehren zur Reitkunst aus den hinteren Regalen der Bibliotheken wieder auf die Lesepulte wanderten und zum Beispiel von dem Neapolitaner Federigo Griso in dessen

Araber, Berber und die iberische Pferderasse: Aus diesen drei Stämmen züchteten die Mauren die Andalusier, eine kräftige, genügsame, gelehrige neue Pferderasse, wobei die iberische Pferderasse züchterisch wahrscheinlich einen dominanten Anteil hatte. Als Süditalien im 15. Jahrhundert endgültig an das spanische Königshaus fiel, wurden auch Pferde zwischen den beiden Halbinseln ausgetauscht. Dies führte zu einer weiteren Pferderasse, dem Neapolitaner. Der galt zwar gegenüber dem Andalusier als schwieriger, wilder und unerziehbarer, entsprach in seinem Erscheinungsbild aber genau dem, was sich die europäische Aristokratie zu dieser Zeit unter einem repräsentablen Pferd vorstellte. Andalusier und Neapolitaner wurden die Stammväter der besten europäischen Pferderassen – und damit auch der Lipizzaner.

Lehrbuch über Pferde und das Reiten verarbeitet wurden. Jeder europäische Fürstenhof, der etwas auf sich hielt, hatte seine Gestüte, wo man den teuren Pferden die bestmögliche Behandlung zukommen ließ. Für die Gonzaga in Mantua, die Aragonier in Spanien und Neapel und natürlich die Habsburger gehörten Pferdezucht und die Hohe Kunst des Reitens nicht einfach nur zum guten Ton, sie waren ein geliebter Bestandteil ihres elitären Daseins geworden.

Der Habsburger Karl V. regierte sein Reich von Spanien aus, und mit ihm traten die nun sogenannten spanischen Pferde – Andalusier und Neapolitaner – ihren Triumphzug durch Europa an. Die erste im Bunde der drei frühen habsburgischen Pferdezüchter war Maria von Ungarn, eine Schwester Karls V., die in Halbthurn ein Neapolitaner-Gestüt einrichten ließ. Ihren wertvollen Bestand vererbte sie ihrem Neffen, dem späteren Kaiser

Das königlich-böhmische Hofgestüt zu Kladrub an der Elbe. Im Hintergrund ist das Gestütsgebäude zu erkennen. Gemälde von Johann Georg von Hamilton, um 1756.

Maximilian II., Schwiegersohn Karls V., der ebenfalls Pferde aus Spanien mitbrachte. Für sie errichtete der passionierte Pferdeliebhaber 1565 in unmittelbarer Nähe seiner Residenz in Wien einen »Ross-Tumblplatz«, der allerdings nicht überdacht und daher bei schlechtem Wetter unbrauchbar war. Maximilians Zuchtzentrum wurde das »Kladruber Wildgehege«, ein uraltes Gestüt, das ihm böhmische Stände anlässlich seiner Krönung zum König von Böhmen zum Geschenk gemacht hatten. Nach Kladrub, das Maximilians Sohn Kaiser Rudolf II. 1579 zum Kaiserlichen Hofgestüt erhob, brachte er seine wertvollen Pferde, um eine Zucht zu begründen. Die »spanischen« Pferde aus Kladrub sollten nicht nur als temperamentvolle Jagdpferde dienen, sondern vor allem als Wagenpferde für die modernen, eleganten Kutschen, die neuerdings im ungarischen Kocs hergestellt wurden.

Der Züchtung »spanischer« Pferde widmete sich auch Kaiser Maximilians jüngster Bruder: Erzherzog Karl II. von Innerösterreich, leidenschaftlicher Jäger, aber auch – ganz im Stil eines Renaissancefürsten – Mäzen der Künste und der Wissenschaft, begründete schließlich das große Gestüt der Habsburger im Triestiner Karst. In Lipica stand die nach dem Abzug der Türken nahezu zerstörte Sommerresidenz des Bischofs von Triest leer, die Karl 1578 kaufte, um dort ab 1580 aus Andalusiern, Neapolitanern, kräftigen Karstern, reinrassigen Arabern und anderen, von europäischen Fürstenhöfen geschätzten Rassen edle Jagd- und Kavalleriepferde zu züchten.

Das Karster Hofgestüt zu Lipica. Gemälde, um 1770.

Links:
Philosoph, ein Weißschimmel aus dem Karster Gestüt Lipica. Gemälde von Richard Hamilton, um 1725.

Unten:
Cerbero, ein Neapolitaner Schecke, in der Kapriole. Gemälde von Johann Georg von Hamilton, um 1721.

Rechts:
Das Pferd Excellente.
Gemälde von Johann
Georg von Hamilton,
1720.

Unten:
Ein von einem kaiserlichen Reitknecht geführter Karster Weißschimmel mit prächtiger Sattelung.
Gemälde von Johann Georg von Hamilton (Schimmel, um 1740) und Johann Christian Brand (Landschaft, um 1760).

Ein europäisches Adelsgeschlecht auf vier Beinen

Der Aufbau von Lipica gestaltete sich einigermaßen schwierig. Hier, auf dem kargen Felsboden mitten im Karst, waren die Pferdekoppeln ein gefährliches Gelände für die Sehnen und Gelenke der edlen Tiere. Und es gab kaum fruchtbare Erde, die es erlaubte, Hafer- und Weidefläche anzulegen. Ein Problem war auch die Wasserknappheit, weshalb jeder Tropfen Regen, der fiel, in Zisternen aufgefangen wurde.

Weitaus einfacher gestaltete sich die Begründung der Pferdezucht an sich. Denn nicht nur Erzherzog Karl II., der »Erfinder« Lipicas, sondern vor allem auch sein Neffe Kaiser Rudolf II. hatten ein Faible für Pferde. Und weil Rudolf II. mit Hans Christoph Khevenhüller einen fähigen Gesandten in Spanien hatte, stand dem Import der edlen »Spanierpferde« nichts im Wege. Sechs Zuchthengste und vierundzwanzig Stuten kamen, so die Aufzeichnungen in Lipica, im Jahr 1581 in das neu gegründete Karster Gestüt.

Zur Chefsache wurde die Pferdezucht in Lipica schließlich ab dem Jahr 1619, als Erzherzog Karls Sohn als Ferdinand II. Kaiser des Heiligen Römischen Reiches wurde. Mit der Eingliederung Innerösterreichs in die Länder der habsburgischen Hauptlinie wurde auch Lipica direkt dem Oberststallmeister des Kaisers unterstellt. Mit einer Gestütsinstruction von Ferdinands Enkel Kaiser Leopold I. schließlich wurde Lipica zu einer Institution des Hofes.

Lipizzaner allerdings hießen die Pferde aus Lipica noch lange nicht, diese Bezeichnung tauchte erst rund zweihundert Jahre später auf, und zwar in der italienischen Schreibweise »Lippizaner«, die dank eines Schreibfehlers zum heute vertrauten »Lipizzaner« wurde. Im 16. Jahrhundert nannte man die Pferde einfach »Spanische« und auch ihr milchweißes Fell ist eine Zuchtentwicklung, die erst ab dem 18. Jahrhundert gezielt verfolgt wurde.

Im Laufe des folgenden Jahrhunderts erfuhr das Gestüt eine Reihe von Erweiterungen. Neue Stall- und Wohngebäude wurden errichtet, aber auch der kargen Natur zunehmend Weideflächen abgetrotzt. Besonders während der Regierungszeit Kaiser Karls VI. (1711–1740) wurde Lipica wesentlich vergrößert, indem beispielsweise der große Besitz der Auersperg bei Postojna gepachtet und Güter bei Poček, Bile und Pestranek erworben wurden.

Das Schicksal Lipicas, wo die offiziell lange Zeit als »Original-Spanier aus dem Carster Gestüt« bezeichneten Pferde gezüchtet wurden, war wechselhaft. Von der Evakuierung vor den Truppen Napoleons bis zur Überlegung, das Hofgestüt ganz aufzulassen, drohte Lipica mehr als einmal die Gefahr, zu einer Episode in den

Geschichtsbüchern zu werden. Doch in diesen Jahren wurden jene Hengste geboren, die die Hengstlinien der heutigen Stars der Hofreitschule begründeten.

Die Liste dieser Lipizzaner-Stammväter liest sich wie eine hippophile Idee gesamteuropäischer Verbundenheit – oder besser noch: Jeder Name für sich ist ein Adelsgeschlecht mit ausgesucht nobler Verwandtschaft.

Stutenherde im kaiserlichen Hofgestüt zu Lipica. Gemälde von Johann Georg von Hamilton, um 1727. Aus den Familien der sechs Hengstlinien stammen auch die meisten der Stuten in Piber. Von welchem der Hengste sie jeweils abstammen, kann man an den Brandzeichen erkennen. Daneben existieren achtzehn Stutenstämme, die jeweils von einer Stammmutter begründet wurden: Sardinia und Spadiglia aus der Karster Rasse; Stornella und Famosa stammen aus dem Gestüt Koptschan in der Slowakei; Afrika, Almerina, Englanderia, Presciana, Europa und Rava kamen ursprünglich aus Kladrub, Deflorata aus Dänemark; Gidrana, Djebrin und Mercurio entstammten Araber-Stutenfamilien, Elien, Miss Wood und Hamad Flora aus dem kroatischen Vukovar und schließlich Theodorosta aus der Bukowina.

Pluto
Er wurde 1765 im königlich-dänischen Hofgestüt Frederiksbørg geboren und war ein kräftiger Schimmel spanischer Abstammung. Das Hofgestüt Frederiksbørg wurde 1562 vom dänischen König Frederik II. gegründet, der hier aus einheimischen Stuten sowie andalusischen und neapolitanischen Hengsten ein Pferd für die klassische Reiterei züchten wollte. Die Zucht selbst ging man mit einigem Laisser-faire an, indem jedes Jahr im Frühling die halbwilden Stutenherden auf der Großen Koppel von ausgesuchten Hengsten besucht wurden. Trotz dieser unorthodoxen Zucht entsprangen ihr hervorragende Pferde, die an allen europäischen Fürstenhöfen höchst begehrt waren. So waren zum Beispiel Caterina de' Medici in ihrem Loire-Schloss Blois und Philipp II. in Madrid stolze Besitzer prächtiger Frederiksborger.
Im Bild: Pluto Aquileja

Conversano
Der 1767 geborene Rappe war ein Original-Neapolitaner. Diese Rasse wurde – nomen est omen – in Neapel gezüchtet und war ihres edlen Exterieurs wegen als Zugtier von Prunkkarossen von weltlichen und kirchlichen Fürsten höchst begehrt. Das damalige Königreich Neapel wurde von Mitgliedern des spanischen Hauses Aragon regiert und gehörte somit ab dem frühen 16. Jahrhundert zu Spanien. Damit war der Austausch von Pferden, vor allem von Andalusiern und den portugiesischen Lusitanos, relativ problemlos. Gekreuzt wurden die importierten iberischen Rassen mit jenen einheimischen Pferden, deren Geschichte sich bis in die Zeit der Etrusker zurückverfolgen lässt.
Im Bild: Conversano Dagmar

Favory
Der Falbe, geboren 1779, stammte aus dem kaiserlichen Hofgestüt Kladrub in Böhmen, also aus hofeigener Zucht. Dieses Gestüt, von dem bereits die Rede war, wurde schon im 12. Jahrhundert in offiziellen Akten erwähnt und gelangte im 15. Jahrhundert in den Besitz von Wilhelm von Pernstejn. Er war wesentlich für den Ausbau verantwortlich, ließ Gestütsgebäude anlegen und das Flussbett der Elbe zugunsten von Weideflächen regulieren. Gekreuzt mit den spanischen und italienischen Pferden, die Kaiser Maximilian II. mitgebracht hatte, entstand eine edle, Menschen gegenüber ausgesprochen freundliche Rasse, die später gezielt als Wagenpferd gezüchtet wurde: Schimmel und Rappen für heitere und traurige Ereignisse am habsburgischen Hof.
Im Bild: Favory Superba

Neapolitano

Der prachtvolle Braune mit dem glänzenden Fell kam 1790 auf die Welt. Geboren wurde er zwar in der norditalienischen Polesina – der Gegend um Rovigo –, er war jedoch wie Conversano ein reinrassiger Neapolitaner. Die Gegend um Neapel war bereits lange vor der Zeit, als das Haus Aragon die Herrschaft übernahm, berühmt für ihre erstklassigen Pferde. Sie stammen ursprünglich aus etruskischen Gestüten in der Stadt Capua, und angeblich war selbst Hannibal ein großer Bewunderer dieser edlen Tiere. Gekreuzt mit aus Nordafrika von den Römern eingeführten Berbern und – nach dem Untergang des römischen Reichs – mit türkischen Rassen aus Byzanz war eine Pferderasse entstanden, so wertvoll, dass König Karl I. die Einkreuzung fremder Rassen fortan verbot. Ein Edikt, das dreihundert Jahre danach von den Spaniern zugunsten der Kreuzung mit den spanischen Pferden aufgehoben wurde.

Im Bild: Neapolitano Pastime

Siglavy

Er war der Exote mit Vergangenheit unter den Hengsten Lipicas. Geboren 1810 in Syrien, kam er nach Frankreich, von wo ihn Fürst Karl Philipp von Schwarzenberg – zuerst Gesandter der Habsburger am Hof Napoleons, später Oberbefehlshaber der vereinten Streitkräfte gegen den Kaiser der Franzosen – mitbrachte. Im Jahr 1826 wurde Siglavy, der reinrassige Araberhengst, der »Trinker der Lüfte«, für das Hofgestüt in Lipica erworben, wo er zum Stammvater einer eigenen Lipizzaner-Linie wurde.

Im Bild: Siglavy Materia

Maestoso

Der Letzte im Bund der Stammväter war ein 1819 im ungarischen Gestüt Mezhegyes geborener Schimmel, dessen Vater ein originaler Neapolitaner und dessen Mutter eine temperamentvolle Spanierin war. Das nach wie vor bestehende Gestüt geht übrigens auf eine Gründung Kaiser Josefs II. zurück, der damit den latenten Pferdemangel seiner Armee zu beenden trachtete. Gestütsleiter wurde Rittmeister Csekonics, ein geschäftstüchtiger Gefolgsmann seines Kaisers, der hier auf 7000 Quadratkilometern Herr über zeitweise bis zu 4000 Pferden, 10000 Ochsen, Brennereien und sogar eine Zuckerfabrik war.

Im Bild: Maestoso Virtuosa

Vom Ross-Tumblplatz zur Winterreitschule

Oben:
Der Josefsplatz, wo sich wahrscheinlich der »Ross-Tumblplatz« Kaiser Maximilians II. befand. Stich von Salomon Kleiner, um 1730.

Gegenüberliegende Seite:
»Der Michaels Platz gegen die K. K. Reitschule«. Gezeichnet und gestochen von Karl Schütz, 1784.

Chefsache: Reitschule

Was einst bloß ein marahstal – ein Stall für Mähren, also Pferde – gewesen ist, wandelte sich vor allem im Barock zum fürstlichen Marstall: prunkvoll ausgeführte Stallbauten, meist mit angeschlossenem Reithaus, deren Betrieb von einem hohen adeligen Hofbeamten geführt oder zumindest repräsentiert wurde. Beliefert von den Gestüten auf dem Land wurden die Marställe in den Residenzstädten zu glänzenden Zentren fürstlicher Vergnügungen, vor allem jedoch der Repräsentation.

Auch in der Residenzstadt Wien gab man sich der Baulust hin, zumal die alte Hofburg zu eng zu werden drohte. Als der Sohn Kaiser Ferdinands I., Maximilian, der Thronfolger, nach einem mehrjährigen Spanienaufenthalt nach Wien zurückkam, brachte er nicht nur eine junge Ehefrau, erste Regierungserfahrung und eine gewisse großzügige Weltläufigkeit mit, sondern auch eine geradezu

Der Innenhof der Stallburg – prächtig renoviert und mit Außenställen für besonders neugierige Hengste versehen.

spektakuläre Menagerie, zu der neben riesigen Elefanten, Kamelen und Papageien auch »edle spanische Roß« gehörten. Um den riesigen Hofstaat des Erzherzogs und seine exotische Menagerie standesgemäß unterbringen zu können, verfügte der Kaiser die Erweiterung der Hofburg. Das Resultat ist die Stallburg, jener prächtige Renaissancebau im Komplex der Hofburg, in dessen Erdgeschoss nach spanischen Plänen errichtete Stallungen integriert wurden. Hier logieren nach wie vor die Lipizzaner. Und vor der Stallburg, wahrscheinlich dort, wo sich heute der Josefsplatz befindet, ließ Maximilian einen »Ross-Tumblplatz« anlegen. Als dieser sich als wenig angenehm entpuppte – er war nicht überdacht, also Wind und Wetter ausgesetzt –, ließ er 1572 für seine wertvolle iberische Fracht einen »Spainischen Reithsall« anlegen. Dieser einfache hölzerne Bau ist die erste namentliche Erwähnung der Spanischen Hofreitschule.

Maximilian II. vertraute nur Spaniern, wenn es um seine Pferde ging. Es waren Spanier, die in Neapel Pferde für den Wiener Hof einkauften, und als Oberststallmeister hatte er ebenfalls einen Spanier mitgebracht: Don Francisco Lasso di Castilia übte dieses Amt von 1550 bis 1570 aus.

Die Stallburg konnte sich nie als Wohn- oder Regierungsgebäude der Habsburger etablieren. Die schönen Renaissancearkaden, die den Innenhof umrahmen, wurden bald zugemauert, um die kaiserliche Kunstsammlung zu schützen. In ihren ursprünglichen offenen Zustand wurden sie erst wieder nach 1945 gebracht.

Leopold I. und die unvollendete Reitschuel

Der nächste in der Riege baufreudiger Habsburger war der kunstsinnige Kaiser Leopold I., der von 1658 bis 1705 regierte. Er war nicht unumstritten, doch abgesehen von einer Reihe fragwürdiger innenpolitischer Entscheidungen war er ein sprachbegabter, literarisch und wissenschaftlich ausgesprochen interessierter Monarch, der vor allem der Musik große Leidenschaft entgegenbrachte. Während seiner Amtszeit begann sich Wien zu einer barocken Residenzstadt zu entwickeln, die bald zum kulturellen Zentrum des östlichen Mitteleuropas wurde.

Die Baulust des Kaisers konzentrierte sich zuerst auf ein angemessenes neues Residenz- und Wohngebäude im Bereich der Hofburg. Der Leopoldinische Trakt, wie er heute noch genannt wird, war 1660 auf dem Papier so weit gediehen, dass Lodovico Burnacini und Filiberto Lucchesi, die Baumeister des Kaisers, mit der Bauarbeit beginnen konnten. Sie dauerte sechs Jahre, doch den Bewohnern war das Glück nicht hold, denn bereits zwei Jahre später brannte der Palast bis auf die Grundmauern nieder. Leopold, samt Familie nur mit knapper Not der Feuersbrunst entronnen, bezichtigte die Juden der Brandstiftung, vertrieb sie aus der Stadt und befahl ansonsten den unverzüglichen Wiederaufbau, der 1681 vollendet war.

Nun, da die kaiserliche Familie gut untergebracht war, konnte auch er sich wieder der aristokratischen Repräsentation widmen. Und Leopold tat dies, indem er sich des hölzernen »Spainischen Reithsalls« entsann, den sein Urgroßonkel Maximilian II. vor der Stallburg angelegt hatte. Hier nun sollte, dem barocken Zeitgeschmack entsprechend, »auf dem Tumblplatz eine neue Reitschuel« errichtet werden. Ein dreigeschossiges Gebäude sollte es werden – in den oberen Räumen eine Bibliothek, darunter, im Erdgeschoss, eine Winterreitschule. Doch Leopold I. hat sich in einem geirrt: Er war der Ansicht, die Gefahr, die von den Türken ausging, sei weitgehend gebannt oder zumindest sei Wien dank der neuen Stadtmauern vor einem Einfall der Türken gefeit – eine fatale Fehleinschätzung, wie sich spätestens 1683 herausstellte, als Wien die zweite Türkenbelagerung erlitt. Die halbfertige »neue Reitschuel« jedenfalls wurde ein Opfer der weit reichenden Kanonen der osmanischen Belagerer.

Gundakar Prinz Dietrichstein in einem Kostüm für das Rossballett anlässlich der Ankunft der Braut Leopolds I. Gemälde von Jan Thomas, 1667.

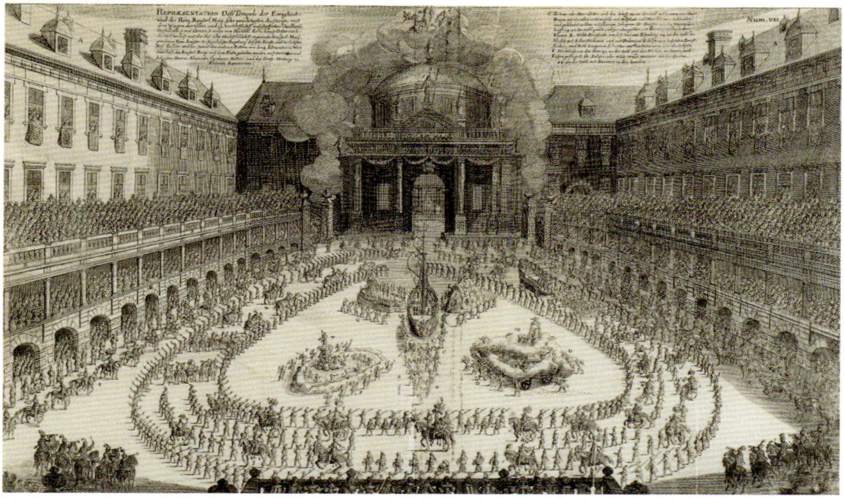

Italienische Fürstenhöfe hatten es vorgemacht: Rossballette und Pferdekarusselle, bei denen mit Musikbegleitung Pferde nach den Richtlinien der Hohen Schule und möglichst im Takt der Klänge zu reiten waren. Anlässlich der Hochzeit mit seiner ersten Gemahlin, Infantin Margareta Teresa von Spanien, brachte Leopold I. das Nonplusultra eines solchen Rossballetts zur Aufführung. Das prunkvolle Fest fand im Jänner 1667 im Inneren Burghof statt und einer der Hauptdarsteller war – der Kaiser höchstpersönlich! Kupferstich von J. Ossenbeeck nach Nicolaus van Hay, 1674.

Unten: Kaiser Joseph I. (ganz vorne auf einem Schimmel) auf der Parforcejagd. Gemälde von Johann Georg von Hamilton, um 1710.

Ein kongeniales Team

Joseph I., der seinem Vater Leopold I. als Kaiser nachfolgte, war ein temperamentvoller Reiter, der seine Pferde zum Entsetzen des Hofes mit Vorliebe selbst zähmte. Doch die Verwirklichung des alten habsburgischen Vorhabens einer repräsentablen Reitschule blieb Josefs Nachfolger, seinem jüngeren Bruder Karl VI., vorbehalten.

Karl VI. war ein barocker

Bauherr, wie er im Buche steht, und um dieser Baulust auch in der eines Kaisers würdigen Qualität frönen zu können, band er unter anderem drei geniale Architekten an den Hof: Johann Bernhard Fischer von Erlach, Johann Lucas von Hildebrandt und schließlich den Sohn des Erstgenannten, Joseph Emanuel Fischer von Erlach.

Oben:
Die k. k. Hofstallungen, das heutige Museumsquartier.

Gegenüberliegende Seite:
Das Gebäude der Winterreitschule. Rechts daneben das »Hoftheater nächst der Burg«, das erst 1888 dem Michaelertor Platz machte.

Kolorierte Kupferstiche nach Tranquillo Mollo, 1825.

Dieses unschlagbare Triumvirat erstklassiger Baukünstler schuf mehr oder weniger das gesamte barocke Antlitz der Besitzungen des damaligen österreichischen Hochadels. Doch vor allem Vater und Sohn Fischer von Erlach sind es, die dem Kaiser und damit auch sich selbst prachtvolle Denkmäler in Wien schufen.

Was das Errichten prunkvoller Gebäude zum Ruhme des Kaisers betraf, war Karl VI. nahezu unersättlich. Mehr oder minder gleichzeitig wurde unter seiner Ägide an Schloss Schönbrunn, dem Sommerschloss Favorita, der Hofbibliothek, dem Stift Klosterneuburg (seinem »österreichischen Escorial«), der Karlskirche sowie den Hofstallungen und der Winterreitschule gebaut. Joseph Emanuel Fischer von Erlach – Hofarchitekt ab 1725 – übernahm dabei zum Teil die Aufgabe, begonnene Werke seines Vater Johann Bernhard fertigzustellen, nachdem dieser 1723 gestorben war.

Der Auftrag für das erste Gebäude für des Kaisers Pferde erging im Jahr 1713 an Johann Bernhard Fischer von Erlach. Für 600 Pferde und 200 Wagen sollte im Bereich des Glacis vor dem Burgtor ein weitläufiger Bau errichtet werden. Der Architekt, der bereits für das Lust- und Jagdschloss Schönbrunn einen atemberaubend monumentalen Plan vorgelegt hatte, ließ sich auch für diesen Baukomplex etwas ganz Besonderes einfallen: Der Idealplan sah nicht einfach Ställe und Nebenräume vor, sondern auch eine riesige Pferdeschwemme sowie ein wahrhaft imperiales Amphitheater für die Pferdekarusselle des Hofes. Für solch hochfliegende Pläne war eindeutig nicht genug Geld in den Staatskassen, doch die Hofstallungen (heute das Museumsquartier), die dann unter der Aufsicht von Fischer von Erlach junior entstanden, zählten immer noch zu den meistbewunderten Marställen europäischer Residenzstädte.

In den Hofstallungen, dem heutigen Museumsquartier, residierte auch der Oberststallmeister – jener Beamte des Kaiserhauses, dem sämtliche Gestüte, die Reitschulen, die verschiedenen Stallungen und die Wagenburg der Habsburgermonarchie unterstanden. Nach heutigem Maßstab hatte der Oberststallmeister den Rang eines Ministers und wurde deshalb grundsätzlich mit einem Mitglied der Hocharistokratie besetzt. Die letzten beiden Oberststallmeister, bevor die Monarchie 1919 unterging, waren Graf Ferdinand Kinsky und Fürst Nicolaus Pálffy. In den *Eipeldauer-Briefen* Joseph Richters heißt es zur ›Residenz, wo des Kaisers seine Pferd wohnen‹: »Herr Vetter, die sind schöner logiert als der Kaiser selbst.«

Im Jahr 1729 schließlich legte der neue Hofarchitekt Joseph Emanuel Fischer von Erlach Pläne für eine Winterreitschule vor, die in den Gesamtkomplex der Hofburg integriert werden sollte. Sechs Jahre sollte es dauern, bis die »neu erbaut und prächtig verfertigte kaiserl. Reith-Schull« eröffnet werden konnte.

Gegenüberliegende Seite: Kaiser Karl VI. auf einem Schimmel, einem Karster aus dem Spanischen Stall. Dieses Bild ist in vielfacher Hinsicht etwas Besonderes: Es stammt von zwei Malern. Die Figur des Kaisers im silbernen Harnisch stammt von Johann Gottfried Auerbach; der Schimmel ist ein Werk des Johann Georg Hamilton. Dieses Gemälde befindet sich in der Hofloge und wird traditionell von den Bereitern und Eleven beim Eintritt in die Reithalle begrüßt (oben).

Die Winterreitschule

Herz und Glanzstück dieser Zierde eines absoluten Fürsten der Barockzeit war – und ist! – der Reitsaal, den Kaiser Karl VI. der »adeligen Jugend zu Unterricht und Übung wie auch zur Ausbildung der Pferde zu Kunstritt und Krieg« widmete. Diese Inschrift findet sich, auf Lateinisch allerdings, an der Eingangswand zur Winterreitschule.

Karl VI., Pferdeliebhaber und leidenschaftlicher Reiter, eröffnete die Winterreitschule am 14. September 1735 gemeinsam mit seiner Gemahlin nebst großem Gefolge. Zu sehen gab es 54 neu aus den kaiserlichen Gestüten nach Wien gebrachte Junghengste sowie eine Reihe ausgebildeter Schulpferde. Die wirkliche Sensation aber war die Reithalle selbst. Die Reitbahn mit einer Länge von 58 und einer Breite von 17 Metern ist von einer zweigeschossigen

Hier vergnügte sich einst der Hochadel, von hier aus verfolgten die Mitglieder der kaiserlichen Familie, sofern sie nicht selbst auf dem Pferd saßen, das Geschehen in der Reitschule: Die Salons haben auf der einen Seite Fenster zum Michaelerplatz, auf der anderen öffnet sich eine Türe zur Reithalle der Winterreitschule. Mit ihrem ganz außergewöhnlichen Ambiente mit der unvergleichlichen imperialen Atmosphäre sind sie ein wunderbarer repräsentativer Rahmen, den man im Übrigen mieten kann.

Zeiten und Sitten

Oben:
Rauschende Feste werden auch heute wieder in der Spanischen Hofreitschule gefeiert. Hier steckt man mitten in den Vorbereitungen für das große Fund-Raising-Dinner im Herbst 2009 – aufmerksam beobachtet von einem Schulhengst.

Gegenüberliegende Seite:
Karussell in der Winterreitschule am 2. Januar 1743. Auf dem Schimmel: Maria Theresia. Gemälde von Martin van Meytens, 1743 (Ausschnitt).

Aristokratische Lustbarkeiten

Die Winterreitschule war bereits unter ihrem Bauherrn Karl VI. nicht ausschließlich als Institut zur Ausbildung der Pferde und des adeligen Nachwuchses gedacht, sondern auch als prächtig-barocker Rahmen glanzvoller Feste. Besonders beliebt bei Mitwirkenden und Zusehern waren die Karusselle, eine spielerische Weiterentwicklung höfischer Turniere. Diese luxuriös ausgestatteten Feste fanden – zum Vergnügen ihrer Bewohner – vielerorts auf den Straßen und Plätzen einer Stadt statt. In Wien war meistens die Winterreitschule Schauplatz dieser höfischen divertissements. Minutiös in den Zeremonialprotokollen des Hofes geregelt, scheute man für Karusselle, Ringel- oder Mohrenstechen weder Kosten noch organisatorische Mühen.

Der Name »Spanische Reitschule« wurde erst im späten 18. Jahrhundert üblich. Davor war es einfach die »Reitschul«. Ab 1789 schließlich lautete die offizielle Bezeichnung für die Winterreitschule »K. K. Stadtreitschule«. Der Begriff »Spanische Reitschule« entstand eigentlich aus der Umgangssprache: Seit dem 16. Jahrhundert wurden die Hofstallungen als »Spanischer Stall« bezeichnet, spätestens ab Karl VI. in der ersten Hälfte des 18. Jahrhunderts hießen die kaiserlichen Reitpferde gemeinhin »Original-Spanier« oder Pferde »Spanischer Arth«. Mit einiger Sicherheit hat sich daraus auch die »Spanische Reitschule« als Begriff eingebürgert – bis 1918 mehr oder weniger inoffiziell, danach offiziell.

Die Hauptdarsteller waren nicht nur die Damen und Herren des Adels und oft deren Nachwuchs, sondern vor allem die Pferde. Sie mussten für diese Art des Vergnügens so perfekt ausgebildet und dressiert sein, dass sie sich von Wagenlenkern und Reitern mit leichter Hand auf engem Raum dirigieren ließen.

Gespannt vor zierlich geschnitzte und bunt bemalte Wägelchen und Schlitten oder von geschickten Kavalieren geritten – die Hauptrolle kam den Pferden zu. Auf und mit ihnen wurden allerlei Geschicklichkeiten vorgeführt: Mit Lanzen, Degen oder auch Pistolen wurde gegen Mohren- und Türkenköpfe (die natürlich nicht echt waren!) angeritten; es galt, mit Lanzen oder Degen durch Ringe oder Kränze zu treffen, ohne die vorgeschriebenen Bahnen zu verlassen oder festgelegte Wendungen zu verabsäumen. Auch die Damen in den zierlichen Wagen oder Schlitten mussten, oft im Verband mit ihrem Kavalier, geschickt bestimmte Aufgaben erfüllen. Für solche Feste ließen sich Damen und Herren aufeinander abgestimmte Kostüme anfertigen, und auch die Pferde waren mit sogenanntem Einflechtzeug geschmückt.

Dass solcher Aufwand nicht alltäglich sein konnte, versteht sich von selbst. Doch zu großen Anlässen waren die Karusselle in der Winterreitschule überaus beliebt.

Besondere Geschicklichkeit des Reiters und ein perfekt dressiertes Pferd verlangte das Mohrenstechen. Unter Einhaltung einer zuvor minutiös festgelegten Choreografie mussten die Reiter mit Degen oder Lanzen ausgestopfte Bälle – die Mohrenköpfe – treffen. Gemälde von Ignace Duvivier, 1780.

Fête Impériale

DER SOMMERBALL 2010

Gelebte Tradition – das bedeutet für die Spanische Hofreitschule heute auch, die schöne Gepflogenheit großer Feste in der Reitschule wiederaufzunehmen. So gab es bereits noble Fund-Raising-Dinners mit anschließender Versteigerung geliebter Memorabilien aus der Reitschule, und 2010 wird die Winterreitschule erstmals wieder glanzvolle Bälle sehen. Der Höhepunkt aber wird im Sommer 2010 stattfinden: Die *Fête Impériale*, ein rauschender Ball in bester Wiener Tradition, bei dem die Reithalle zur Bühne prächtiger Roben und temperamentvoller Tanzpaare wird. Im wahrsten Sinn des Wortes heißt es also: Trend meets Tradition.

Aber nicht nur zu Pferd und in Wagen wurde in der Winterreitschule gefeiert. 1744 wurde die Reitschule in einen prachtvollen Ballsaal verwandelt, als anlässlich der Hochzeit von Maria Theresias jüngerer Schwester Maria Anna ein Maskenball veranstaltet wurde. Schlichte Ziffern beschreiben den Glanz: 130 Kronleuchter wurden installiert und 52 große Spiegel, in denen sich die sechzig in gleicher Farbe und gleichem Stil gekleideten Kavaliere und Damen der höfischen Gesellschaft ebenso reflektierten wie die 8000 geladenen Personen!

Eines der prachtvollsten Karusselle fand am 2. Januar 1743 in der Winterreitschule statt. Anlass war der Abzug der französischen und bayerischen Truppen aus Böhmen nach dem Ersten Schlesischen Krieg. In delikat geschnitzten, von Kavalieren sorgsam gelenkten Wägelchen sitzen Damen, deren Aufgabe es ist, die Lanzen zu führen. Parallel dazu wird unter der Leitung Maria Theresias selbst eine komplizierte Quadrille geritten. Das prunkvolle Treiben fand mit Musikbegleitung statt. Gemälde von Martin van Meytens, 1743.

Zu ausgewählten Anlässen konnten nicht nur aristokratische Gäste die Lipizzaner bewundern, sondern auch die Bürger der Stadt. Ein solcher Anlass war zum Beispiel der Einzug Isabellas von Parma, der Braut des späteren Kaisers Josef II., Maria Theresias Sohn. Gemälde von Martin van Meytens und seiner Werkstatt, um 1760/65.

Vom Wiener Kongress bis zum Ende des Jahrhunderts

Eine Zeit rauschender Feste war jene des Wiener Kongresses, der im Herbst 1814 begann und bis zum Frühsommer 1815 ziemlich schleppend verlief. Um den zahlreichen angereisten höchstrangigen Diplomaten Zerstreuung neben den mühseligen Verhandlungen zu bieten, wurde sehr viel Geld ausgegeben: 80 000 Gulden täglich sollen aus den Staatskassen in die zahllosen Feste, Bälle und Feierlichkeiten geflossen sein. »Le congrès ne marche pas, il danse« (»der Kongress macht keine Fortschritte, er tanzt«), soll Feldmarschall Charles Joseph Fürst von Ligne resignierend bemerkt haben.

Eine beliebte räumliche Kulisse für diese Feste war die Winterreitschule. Ihre Reithalle wurde – je nach Bedarf – in einen Konzertsaal, ein Palmenhaus oder auch einen duftenden Orangengarten verwandelt. Besonders glanzvoll muss die Aufführung von Beethovens sinfonischem Meisterwerk *Wellingtons Sieg* gewesen sein – eine von der Orchesterbesetzung her monströse Komposition, die der Meister selbst dirigierte.

Mit der Französischen Revolution, dem Ende der Ära Napoleons und der Neuordnung Europas mit dem Wiener Kongress begann eine neue Epoche. Natürlich gab es an den Fürstenhöfen Europas weiterhin elegante Feste und exquisite Vergnügungen, doch der Glanz des Ancien Regime, der Zeit vor 1800, war endgültig Vergangenheit. Dazu gehörte auch, dass die fürstlichen Reitschulen, in denen man die klassische Reitkunst auf höchstem Niveau pflegte, fast überall in Europa von der Bildfläche verschwanden. Nur Wien war anders: Hier, und nirgendwo sonst, wurde die Tradition höchst lebendig über alle Unwägbarkeiten der Geschichte getragen.

Eigentlich war es der Wiener Kongress, der der Spanischen Reitschule den Weg in die Zukunft wies: Als eine Institution, in der die klassische Reitkunst auf äußerst hohem Niveau gepflegt und als optische Pracht einem begeisterten Publikum vorgeführt wird. Im Jahr 1814 fand diese kaiserliche Reitvorführung in der Winterreitschule statt. Das bewegte und doch harmonisch geordnete Bild war nur möglich, wenn Pferd und Reiter eine vollendet aufeinander abgestimmte Einheit bildeten. Aquarell und Tinte von Johann Nepomuk Hoechle, 1814.

Unten:
Kronprinz Rudolf auf einem Hengst in der Levade.

Zweite Aufführung.
Donnerstag den 8. November 1838
in der k. k. Winterreitschule,
großes Musikfest
Die Jahreszeiten,
1000

Auch die Gesellschaft der Musikfreunde nutzte den prächtigen Saal der Winterreitschule.

Das 19. Jahrhundert sah eine Reihe sehr unterschiedlicher Veranstaltungen in der Winterreitschule. So gab es 1830 eine »Gewerbeproduktenausstellung«, also eine Art Warenmesse, und 1831 wurde sogar die Börse in die Reithalle verlegt. Außerdem fand die Ziehung der staatlichen Klassenlotterie in der Winterreitschule statt. Im Jahr 1843 wurde ein ziemlich martialisches Karussell von Kavallerieoffizieren veranstaltet und zehn Jahre später ein rauschendes Karussell zu Ehren des Königs von Preußen und jenes von Belgien. Dazwischen, im Revolutionsjahr 1848, war die Winterreitschule zudem Schauplatz der konstituierenden Sitzung des ersten österreichischen Parlaments.

Das letzte große Fest nach den Richtlinien des Rokoko maria-theresianischer Prägung fand schließlich im April 1894 statt: An die zweihundert Beteiligte, darunter 125 Reiter, stellten in historischen Kostümen dar, wie Kaiser Karl VI. seine Braut Elisabeth Christine von Braunschweig-Wolfenbüttel nach Wien holte. Historische Kostüme, Reiterquadrillen sowie zwei- und vierspännig gefahrene Karusselle ließen den barocken Reitsaal im Zentrum Wiens noch einmal im Glanz einer vergangenen Epoche erstrahlen.

Ende und Neubeginn – 1919–1945

Keine Frage: Die Stars der Spanischen Hofreitschule in Wien waren immer die prachtvollen weißen Pferde. Doch daneben gab es engagierte Bereiter und Stallmeister, die gegen alle äußeren Umstände für das Überleben der Hofreitschule gekämpft haben. Von ihren Siegen soll hier die Rede sein.

Einer, dem die Reitschule während der Zeit des Übergangs von der Monarchie in die junge Republik Österreich und einige Jahre darüber hinaus besonders viel zu verdanken hat, war Rudolf van der Straten. Er war Erster Stallmeister unter den letzten beiden k. u. k. Oberststallmeistern Graf Kinsky und Fürst Pálffy und

Morgenarbeit in der Winterreitschule: Ganz links an den Pilaren Oberststallmeister Prinz Emerich Thurn und Taxis, der den gesattelten Schimmel Pluto Montedora in der Kapriole trainiert. Gemälde von Ludwig Blaas, 1890.

Im Frühling des Jahres 1921 fand in der Hofreitschule in Wien die erste öffentliche Vorführung der weißen Hengste nach dem Untergang der Monarchie statt. Und Rudolf van der Straten tat noch mehr: Er ging mit den Pferden auf Tournee und machte sie so international berühmt. Im Jahr 1925, als die wirtschaftliche Not Österreichs auf ihren Höhepunkt zusteuerte, bestand die Gefahr, dass die Hofreitschule für immer geschlossen würde. Doch Van der Straten hatte dank seiner Unermüdlichkeit einen fulminanten Trumpf in der Hand: Die Hofreitschule war mittlerweile so populär, dass heftige nationale und internationale Interventionen die Einstellung des Betriebs verhinderten.

sowohl den Lipizzanern als auch der Tradition des Hauses von Herzen ergeben. Mit einer Reihe loyaler Oberbereiter und Bereiter an seiner Seite vollbrachte er das Kunststück, die Spanische Reitschule von der Monarchie in die Republik zu transferieren.

Das war keine ganz einfache Sache, denn einerseits wollte nach dem verlorenen Krieg und dem Ende der Monarchie niemand mehr etwas von imperialen Einrichtungen wissen. Schließlich hatte man sogar dem Adel endgültig Adieu gesagt! Andererseits, wenn eine Einrichtung schon weitergeführt würde, dann müsste sie auch wirtschaftlich effizient sein, vor allem auch angesichts der prekären Wirtschaftslage des Staates. Van der Straten stand also vor der Aufgabe, den Österreichern mittels öffentlicher Vorführungen begreiflich zu machen, dass es lohnenswert war, die traditionsreiche Reitschule in der alten Hofburg am Leben zu erhalten. So wurde gemacht, was man hier sonst zum Vergnügen von Fürsten und Herrschern inszenierte: Ein Programm aus Reitkunst und Musik, diesmal jedoch für Menschen, die vom Reiten und vor allem von der Hohen Schule wenig oder nichts wussten.

Die Herausforderung wurde gemeistert, und mehr noch, denn das Ackerbauministerium, dem die Reitschule nun unterstand und das Van der Straten zu ihrem Leiter ernannt hatte, schickte ihn mit der Reitschule auf Tournee. Eine unerhörte Sache, die zuvor nie geschehen war. Doch die junge, schwache Republik musste schließlich zusehen, dass sie wieder Terrain auf dem internationalen Parkett

Training in der Spanischen Hofreitschule für die Olympischen Sommerspiele 1936 in Berlin. Fotografie, 28. Mai 1936.

George S. Patton, General der US-Armee, auf einem Lipizzanerhengst. Fotografie, um 1944.

gewann. Und sei es mit einem kulturellen Erbe aus der zerschlagenen Monarchie. 1925 ging es nach Berlin, 1927 nach London, nach Den Haag 1928 und nach Brüssel 1932. Als die Spanische Reitschule mit ihren weißen Hengsten 1935 nochmals nach London eingeladen wurde, war die internationale Popularität, aber auch jene zu Hause in Österreich, endgültig besiegelt.

Major Alois Podhajsky, ein 1898 in Mostar geborener Offizier des österreichischen Heeres, hatte bereits Erfolge als Spring- und Dressurreiter gefeiert, bevor er 1934 an die Reitschule abkommandiert wurde. Als die Spanische Reitschule nach dem »Anschluss« 1938 dem Landwirtschaftsministerium in Berlin unterstellt wurde, nahm Van der Straten seinen Abschied und schlug Podhajsky als Nachfolger vor. Podhajsky, der bei den Olympischen Sommerspielen 1936 in Berlin eine Bronzemedaille im Dressurreiten erringen konnte, trat sein neues Amt am 1. März 1939 an.

Podhajsky sah sich von Beginn an unter extremem politischen Druck, und schließlich drohte auch der Krieg. Um die Schulhengste vor den Bomben der Alliierten zu bewahren, übersiedelte er sie

aus der Innenstadt Wiens in die alten Stallungen der Hermesvilla im Lainzer Tiergarten. Bis 1945 untersagte die Gauverwaltung der Nationalsozialisten aus politischen Gründen eine endgültige Evakuierung aus Wien. Als sie schließlich doch genehmigt wurde, floh Podhajsky mit den Schulhengsten nach St. Martin bei Schärding in Oberösterreich, wo er im Schloss der Familie Arco aufgenommen wurde.

Währenddessen waren die Pferde aus Piber nach Hostau im »Protektorat Böhmen« gebracht worden. Hostau stand unter der Leitung der Deutschen Wehrmacht und wurde in den 1940er-Jahren zu einem wahren Sammelbecken erstklassiger Pferde aus ganz Europa, unter anderem auch der Tiere aus Lipica. Als klar wurde, dass der Krieg endgültig verloren war, brachte man in einer

Damenprogramm während des Chruschtschow-Kennedy-Gipfeltreffens im Juni 1961 in Wien: Jacqueline Kennedy in der Spanischen Hofreitschule. Fotografie von Barbara Pflaum, 1961.

Gegenüberliegende Seite: Oberst Alois Podhajsky mit einem Lipizzanerhengst in der Spanischen Hofreitschule: Courbette am langen Zügel. Fotografie von Harry Weber, 1955.

abenteuerlichen Nacht- und Nebelaktion den gesamten Bestand von Hostau, immerhin 1000 Pferde, in die amerikanische Besatzungszone. 215 Pferde wurden Podhajsky übergeben, der sie in Wimsbach bei Wels unterbringen konnte, wo sie bis 1952 blieben. Die Leidenschaft des Oberbefehlshabers der US-Truppen, General George S. Patton, für die Hohe Schule der Reitkunst nahm Alois Podhajsky zum Anlass, um mit einer legendären Aufführung vor Patton »seine« Lipizzaner und die Spanische Reitschule unter den Schutz der Amerikaner zu stellen. Mit diesem klugen taktischen Schachzug sicherte Podhajsky das Überleben der Reitschule.

Dennoch war die Situation fragil: Podhajsky war als ehemaliger Offizier der Wehrmacht in Gefahr, verhaftet zu werden, die Pferde standen in Oberösterreich, und aufgrund der prekären allgemeinen Versorgungslage konnte man an eine Rückkehr nach Wien nicht einmal denken. Doch ganz langsam kehrte der Alltag auch für die Schulhengste zurück. Zwar traten sie noch nicht wieder in der Winterreitschule auf, doch in Wels fanden regelmäßig Vorführungen statt. Und es begann eine Zeit triumphaler Tourneen, die die Lipizzaner 1950 erstmals in die USA brachten. Erst mit der Unterzeichnung des Österreichischen Staatsvertrags kamen die Pferde und ihre Bereiter wieder nach Wien und feierten mit der ersten Vorführung am 26. Oktober 1955 in der Winterreitschule eine so berührende wie glanzvolle Rückkehr in die Hofburg.

Podhajsky blieb bis 1964 Leiter der Spanischen Reitschule. Seine Ära schloss mit einer überaus erfolgreichen Tournee durch die USA, bei der nicht nur die weißen Pferde aus Wien stürmisch gefeiert wurden, sondern auch ihr Leiter.

Oberst Alois Podhajsky am Tag seiner Pensionierung, dem 8. Januar 1965, im Stall der Schulhengste in der Wiener Stallburg. Fotografie von Harry Weber, 1965.

Oberst Alois Podhajsky mit einem Lipizzanerhengst in der Spanischen Hofreitschule: Kapriole am langen Zügel. Fotografie von Harry Weber, 1955.

Lipizzanergestüt Piber

Oben und
gegenüberliegende Seite:
Der »Kindergarten« im
Lipizzanergestüt Piber

Imperiale Idylle

Ein Ausflug in das Lipizzanergestüt Piber ist absolut empfehlenswert. Hier steht er, der Nachwuchs für die berühmten weißen Hengste der Spanischen Hofreitschule in Wien. Und hier leben die Mutterstuten, der Schatz des Gestüts. Informativ ist ein solcher Ausflug ebenfalls, weil zwei kleine, aber ausgesprochen kenntnisreich installierte und liebevoll ausgestattete Museen alle Fragen rund um die Pferde als Reittiere und als Fahrpferde beantworten. Nicht zu vergessen das Kino für Kinder! Mit einem abwechslungsreichen Schauprogramm in der Arena wird im Sommer außerdem daran erinnert, dass die Lipizzaner immer auch als Zugpferde für den eleganten Wagenpark der Fürsten verwendet wurden.

Es ist eine bezaubernde Landschaft am Fuß der Stub- und der Gleinalpe – sanfte Hügel in allen Grünnuancen, Kirchtürme mit ihren Barockhauben dazwischen und kleine Wälder mit dicht belaubten Bäumen. Hier, knapp fünfzig Kilometer westlich der Landeshauptstadt Graz, liegt Piber, das Bundesgestüt, in dem die Lipizzaner zur Welt kommen, aufwachsen und später, nach langen »Dienstjahren« ihren wohlverdienten Ruhestand genießen dürfen.

Das bereits im 11. Jahrhundert erstmals erwähnte Benediktiner-Stift St. Lambrecht wurde unter Maria Theresias reformfreudigem Sohn, Kaiser Josef II., aufgelöst, der barocke Klosterbau mit dem italienisch anmutenden Arkadenhof zum Schloss umfunktioniert und ab 1798 als Militärpferdegestüt eingerichtet.

Als mit dem Ende des Ersten Weltkriegs die Monarchie Vergangenheit und von dem einst riesigen Vielvölkerstaat der Habsburger bloß ein kleines Land übriggeblieben war, wurde auch um die Aufteilung der Lipizzaner verhandelt. Die Sache war einigermaßen kompliziert, denn während des Ersten Weltkriegs war der Bestand von rund dreihundert Pferden aus Lipica – Stuten und Fohlen – in Sicherheit gebracht worden. Italien war seit 1915 auf der Seite der Kriegsgegner und Lipica deshalb nicht länger sicheres Terrain.

Das Brandzeichen des Lipizzanergestüts Piber.

Ein Teil der Pferde aus dem Triester Karst kam nach Laxenburg bei Wien, ein anderer nach Kladrub bei Prag. Mit den Friedensverträgen wurden nun auch diese Pferde aufgeteilt: In Kladrub (und damit im Besitz der Tschechoslowakei) blieb, was dorthin gebracht worden war, der Laxenburger Bestand musste mit Italien geteilt werden. Unberührt von dieser Ver - teilung blieben allerdings die rund 250 Schul- und Zugpferde, die in Wien standen. Letztlich wurden noch 97 Stuten und Fohlen Österreich zugesprochen.

Piber stellte sich als vorteilhaft für die Weiter-

zucht der Lipizzaner heraus, und mit der Einhaltung strenger Zuchtkriterien konnte diese einzigartige Rasse überleben.

Piber heute – das ist ein blühender Betrieb, dessen Hauptaufgabe natürlich die Zucht der Lipizzaner ist, zu dem aber auch eine beachtliche Landwirtschaft, Wald und Almen gehören.

Auf einer Hügelkuppe liegt das Schloss, in dessen Räumen die Verwaltung des Lipizzanergestüts Piber untergebracht ist.

Geburtenstation

Pferdezucht ist eine höchst komplizierte und für Laien kaum durchschaubare Angelegenheit. Die Verantwortung, die der Gestütsleiter in Piber, der Veterinärmediziner Dr. Max Dobretsberger, sein Obergestütsmeister Leopold Weiss und mit ihnen eine Reihe hoch qualifizierter Mitarbeiter sowohl in den Ställen als auch im Büro zu tragen haben, ist keine geringe. Und die Grundsätze der Vererbungslehre samt allerneuesten Erkenntnissen gehören hier zum Basiswissen.

Im Prinzip hat das Lipizzanergestüt Piber zwei Hauptaufgaben zu erfüllen: Zum einen werden hier die besten und schönsten Hengste für die Spanische Hofreitschule gezüchtet; zum anderen

330 Tage, also etwa elf Monate, dauert die Schwangerschaft einer Stute. Wenn der Geburtstermin näher rückt, wird sie im Geburtsstall in einer geräumigen Box untergebracht und rund um die Uhr von erfahrenen und liebevollen Pflegern umsorgt. Meistens sind es dann die stillen Stunden der Nacht, wenn die Welt schläft und sich die Stute ganz sicher fühlt, in denen das Fohlen auf die Welt kommt. Der Geburtsvorgang selbst ist ungewöhnlich kurz: Kaum zwanzig Minuten vergehen zwischen der ersten Wehe und der Geburt eines Fohlens. Pferde sind Fluchttiere – also hat die Natur es so eingerichtet, dass die Dauer der Geburt so kurz wie möglich ist. Geburtshelfer ist übrigens der Obergestütsmeister. Er nabelt das Fohlen ab und versorgt die Mutter nach dieser Leistung mit kräftigendem Futter.

muss die Lipizzanerrasse rein und gesund weitergeführt werden. Die Zucht in Piber baut momentan auf einer Herde von rund siebzig Zuchtstuten auf, die in siebzehn Stutenfamilien gegliedert sind. Diese siebzehn Stutenfamilien lassen sich bis in das 18. Jahrhundert zurückverfolgen: Die »Familienbegründerinnen« brachten erstklassige Fohlen zur Welt, so dass sie in den Zuchtbüchern weitergeführt wurden. Weibliche Fohlen werden auch heute der entsprechenden Stutenfamilie zugeordnet.

Fünf Jahre lang wird ein Stutenfohlen in Piber durch die »Grundschule« geleitet. Dazu gehört das Gewöhnen an Zaumzeug, Longe, später das Gebiss und das Geschirr. Training und Fitness ist für die Lipizzanerdamen also ebenso an der Tagesordnung wie für die Hengste. Mit vier Jahren erfolgt schließlich die Ausbildung unter dem Sattel und im Gespann. In dieser Zeit werden die Stuten genau beobachtet, werden ihre Fortschritte, ihre Charaktereigenschaften, ihre körperlichen Merkmale und Voraussetzungen genau dokumentiert.

Diese Zeit der Leistungsprüfung entscheidet darüber, ob die junge Stute in die Mutterherde aufgenommen wird, also eine »Gestütsstute« wird. Wenn das der Fall ist, wird sie im Alter von fünf Jahren das erste Mal gedeckt. Idealerweise bringt sie ab diesem Zeitpunkt jährlich ein Fohlen zur Welt. Im Zusammenhang mit dieser Mutterstute werden nun natürlich auch ihre Fohlen einer detailliert dokumentierten Musterung unterzogen: Wie verläuft die

Bereits knapp eine halbe Stunde nach der Geburt steht das Fohlen auf seinen vier Beinen – wackelig zwar, und manchmal enden die ersten Stehversuche auch im weichen Stroh, aber es dauert nicht lange, bis der Gleichgewichtssinn die Oberhand hat. Nach so viel Arbeit gleich nach der Geburt wird der erste Hunger mit der Muttermilch gestillt. Diese Stutenmilch ist Gold wert, denn sie enthält neben wesentlichen Nährstoffen auch Abwehrkörper, die das Fohlen in den ersten Wochen seines Lebens vor Krankheiten schützen. Damit wirkt diese erste Mahlzeit wie eine Impfung.

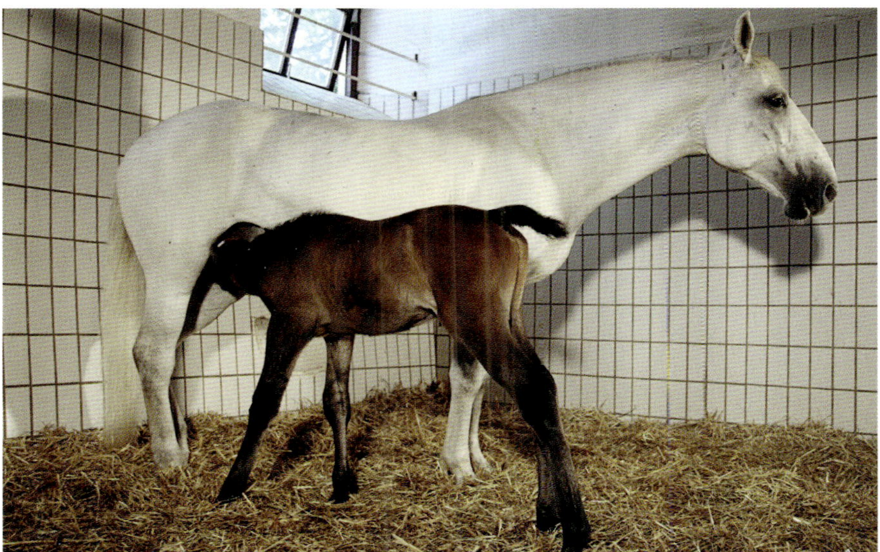

Die originalen Zuchtbücher, die sogenannten *Grundbücher des kaiserlichen Hofgestüts*, gehen bis ins Jahr 1750 zurück. Welche genetischen Mischungen davor die so begehrten »Spanier« ausmachten, ist nicht im Detail bekannt. Sicher weiß man, dass die erste Adelsfamilie Europas, das Haus Habsburg, die Pferde »spanischer Art« bevorzugte und damit sämtliche europäische Fürstenhöfe und Adelshäuser beeinflusste. Jeder, der auf sich hielt, züchtete ab dem 16., 17. Jahrhundert spanische Pferde. Von einzelnen Rassen, wie wir sie heute kennen, war bis vor rund zweihundert Jahren noch kaum die Rede. Heute ist die Zucht der Lipizzaner in Piber durch ein Bundesgesetz und durch das sogenannte

Geburt, wie viele Fohlen gebiert sie im Laufe der Jahre, wie viele und welche werden als Junghengste in der Spanische Hofreitschule ausgebildet, wie viele ihrer weiblichen Nachkommen werden wiederum in die Mutterherde eingegliedert. – So entsteht über jahrelange, konsequente und penible Aufzeichnungen ein unbezahlbarer Datenpool als unschätzbare Basis für die Zucht im Ge - samten.

Kindergarten

Das »Neujahrsbaby« 2010: Eine perfekte kleine Stute, die am 18. Januar geboren wurde. Ihr Vater ist einer der berühmten Schulhengste in Wien, Favory Amabilia.

Wenn Mutter und Fohlen rund eine Woche nach der Geburt aus dem Geburtsstall in den Laufstall übersiedeln, ist das Fohlen immer noch dunkel. Erst im Alter von sechs bis neun Jahren wird es die berühmte milchweiße Schimmelfarbe bekommen.

Zumindest mit hoher Wahrscheinlichkeit: Von rund 100 Fohlen schimmeln 99 aus, eines bleibt ein Brauner oder ein Rappe. Sie sind die Sonntagskinder und gelten als Glückspferde, die bei entsprechender Qualität später auch in die Hofreitschule kommen. Zurzeit sind es zwei, Pluto Bellornata und Favory Aquileja. Dass Lipizzaner auch als ausgewachsene Pferde braun oder schwarz sind, ist kein genetischer Seitensprung, sondern altes Erbgut, das durchkommt. Bis vor zweihundert Jahren wurden Lipizzaner in verschiedenen Farben gezüchtet, die milchweiße Schimmelfarbe wurde züchterisch erst ab diesem Zeitpunkt konsequent verfolgt.

Wenn Mutter und Fohlen im Laufstall ankommen, beginnt auch die Sozialisation der jungen Tiere, denn ihr Charakter und die Leistungsfähigkeit, die sie ausbilden werden, besteht nur zu fünfzig Prozent aus Erbanlagen – die andere Hälfte ist die Konsequenz aus den Umweltbedingungen. Und die sind kaum irgendwo so artgerecht wie im Gestüt von Piber. Genau wird darauf geachtet, dass die Fohlen ausreichend herumtollen, dass sie jeden Tag an die frische Luft kommen, dass sie sich bei allem Energieüberschuss trotzdem nicht überanstrengen, dass sie gut Muttermilch trinken, anständig fressen und auch genügend Ruhe bekommen. Es sind natürlich die Pfleger, die sich um all das kümmern – eine wichtige Basis für später wird nämlich bereits in den ersten Lebenswochen gebildet: Das Vertrauen dieser Pferde zu Menschen. Ein Grund für ihre spätere Freundlichkeit und vor allem Gelehrigkeit. Das Wunderbare an Lipizzanern ist nämlich, dass die spätere Ausbildung eine natürliche Fortführung dieser Mensch-Tier-Beziehung ist, dass dem Pferd mit der anstrengenden und anspruchsvollen Ausbildung an der Spanischen Hofreitschule auch nicht das geringste psychische oder physische Leid zugefügt wird.

Sechs Monate dauert dieser Himmel auf Erden, bis die Fohlen abgespänt, also von der Mutter getrennt werden. Der Schmerz darüber ist bald überwunden: Die Stuten sind meist bereits wieder trächtig, und die Fohlen entdecken in der Fohlenherde ganz neue Herausforderungen. Noch bilden Hengst- und Stutfohlen gemeinsam eine Herde, in der sich manchmal

Die Namen der Hengstfohlen stehen bei ihrer Geburt fest: Sie tragen, ganz nobel, einen Doppelnamen, der sich aus dem Namen der Vaterlinie und jenem der Mutter zusammensetzt.

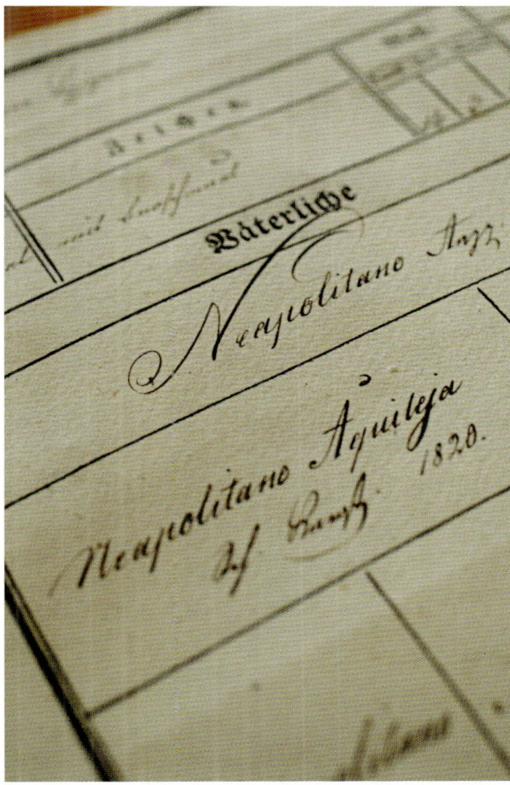

einigermaßen turbulent Rangordnungen bilden. Natürlich ist nun für die menschlichen Beobachter vom Gestüt bereits interessant, welche Fohlen sich als Leittiere durchsetzen. Bereits jetzt lassen sich so Rückschlüsse auf jene Eigenschaften ziehen, die später wesentlich sein werden: Charakterstärke, Leistungsfähigkeit, Ausdauer, Mut und Klugheit.

Ein Jahr nach ihrer Geburt werden die Jährlinge nun nach Geschlecht getrennt und in bestehende Junghengst- und Jungstutenherden eingegliedert. Hier treffen sie auf zwei- und dreijährige Pferde, und das Spiel um Einordnung und Vorherrschaft beginnt von Neuem. Immer dabei sind die Menschen: Pfleger und Leiter der Aufzuchthöfe füttern, inspizieren die Hufe und die allgemeine körperliche Verfassung und beginnen auch mit der Erziehung wie dem Anlegen von Halftern und dem Führen an der Hand.

Im Zuge der Hauptmusterung, die innerhalb des Gestütsjahres ein großes Ereignis ist, werden nicht nur die künftigen Schulhengste ausgewählt. Ebensoviel Bedeutung hat die Auswahl der Jungstuten. Ausgewählte Jungstuten werden einer Leistungsprüfung unterzogen, und zwar sowohl im Reiten als auch im Fahren, und gegebenenfalls in die Herde der Mutterstuten aufgenommen. Auch die Junghengste, die nicht nach Wien kommen, werden in Piber nach allen Regeln der Kunst ausgebildet. Wie hoch die Qualität dieser Ausbildung ist, kann man bei Gestütspräsentationen sehen. Viele Pferdekenner und -liebhaber sind von dem, was sie sehen begeistert und sehr froh, dass jedes Jahr Lipizzaner aus Piber auch zum Verkauf angeboten werden.

Oben:
Die Kindheitssommer auf der Alm sind ein Grund für die ausgezeichnete körperliche Konstitution der Lipizzaner.

Gegenüberliegende Seite unten: Gelehrig, mutig und verwegen sind auch die Lipizzanerstuten, die nicht nur eingeritten werden, sondern auch im Fahren – also vor einen Wagen gespannt – ausgebildet sind.

Ein besonderes Vergnügen in dieser Zeit sind die Sommer, die die jungen Pferde auf den Almen der Umgebung verbringen. Hier, auf 1600 Metern Seehöhe, wo das Gelände oft steil ist, die Luft wunderbar sauber, das Klima manchmal rau und unbeständig und die Wiesen mit einem Überfluss an duftenden Kräutern locken, festigt sich der Charakter, wird die Trittsicherheit geschult, werden Sehnen und Gelenke gleichermaßen elastisch und fest, werden Herz, Kreislauf, Lungen und Immunsystem gestärkt. In dieser Zeit, die von Juni bis Ende August dauert, werden die Pferde ständig von ihren Pflegern beaufsichtigt, in den Stall gebracht, gepflegt. Auch das ist ein wesentlicher Lernbereich: den Menschen als Partner einer höheren sozialen Rangstufe zu sehen. Eine unabdingbare Voraussetzung für die spätere Ausbildung, vor allem jene in der Spanischen Hofreitschule.

Der erste Schritt dorthin beginnt im August, wenn die Gestütsleitung auf die Alm kommt, um die Jungtiere einer Vormusterung zu unterziehen. Die Hauptmusterung findet dann nach dem dritten Sommer auf der Alm im Oktober statt. Nun werden vor allem die dreijährigen Stuten und Hengste genau analysiert. Bewegungsveranlagung, Konstitution, Körpergröße und -bau, aber natürlich auch die Abstammung sind jene Kriterien, die über die kommenden Jahre der Tiere entscheiden. Die Hengste für die Spanische Hofreitschule werden gemeinsam von der Gestütsleitung, dem Obergestütsmeister, dem Direktor der Reitbahn und erfahrenen Oberbereitern ausgewählt.

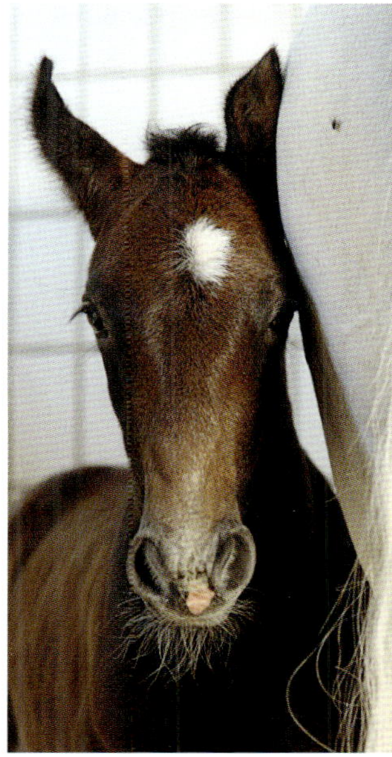

In die Stallburg in Wien übersiedeln die Junghengste schließlich im Alter von etwa dreieinhalb Jahren. Was spät klingt, ist für Lipizzaner ganz normal: Im Vergleich mit anderen Rassen sind Lipizzaner »Spätzünder«, dafür werden sie jedoch ungewöhnlich alt – und sie bleiben bis ins hohe Alter leistungsstark und robust. In der Mutterherde sind Stuten mit einem Alter von zwanzig Jahren keine Seltenheit, und die ältesten Lipizzaner werden über dreißig Jahre alt.

Seniorenresidenz

Wenn die talentiertesten Junghengste im kalten Januar nach Wien chauffiert werden, beginnt endgültig der Ernst des Lebens. So gelehrig sie sich in den kommenden rund sechs Jahren erweisen und so sehr wir sie dann in ihrer ganzen Pracht in der Winterreitschule bewundern werden, ein klein wenig bedauern wir sie auch dafür, dass sie aus dem idyllischen weststeirischen Hügelland in die Stadt müssen.

Zurück nach Piber dürfen sie im Laufe ihres Arbeitslebens immer wieder: Sie werden ja nicht nur Schulhengste, sie sollen ihre hervorragenden Qualitäten auch weitervererben. Und so gibt es jährliche Ausflüge ins Gestüt, um sie als Deckhengste mit ausgewählten Stuten zusammenzubringen. Dass dabei auf eine ausgewogene Familiengliederung geachtet wird, gehört zu den Aufgaben des Gestüts.

Zumindest zwanzig Jahre bleiben die Schulhengste in der Spanischen Hofreitschule. Erst wenn sie für ihre Bereiter und die Pfleger in Wien sichtbar müde werden, wenn man einfach spürt, dass sie genug Applaus bekommen haben, dass der Glanz langsam verblasst, dürfen sie in den wohl verdienten Ruhestand treten.

Jetzt, im Alter von etwa fünfundzwanzig Jahren, treten sie ihre letzte Reise nach Piber an. Hier dürfen sie sich nach einem langen erfolgreichen Arbeitsleben ausruhen, die gute Luft genießen, dürfen Vogelgezwitscher statt Johann Strauß hören. Trainieren müssen sie nicht mehr, lernen müssen sie nicht mehr, trotzdem bekommen sie nach wie vor alle Zuwendung. Sie werden gepflegt und gestriegelt, ihre Gesundheit wird genau beobachtet. Und manchmal bekommen sie Besuch, wenn ihr ehemaliger Bereiter, mit dem sie einmal stolz ihre Touren in der Winterreitschule gegangen sind, Sehnsucht nach seinem alten Kollegen hat. Es ist ein guter und freundlicher Lebensabend, der den Lipizzanerhengsten in Piber gewährt wird.

Einer der berühmtesten »Rentiers« in Piber war Siglavy Beja. Der umwerfend schöne weiße Hengst, geboren 1964, war bis zu seinem 27. Lebensjahr einer der ganz großen Spitzenstars in der Spanischen Hofreitschule. Sechs Jahre nach seiner Pensionierung bekam der Vater von 99 Fohlen noch einmal die Gelegenheit, sein Publikum zu bezaubern, als man ihn im Rahmen der Gala zum 200-Jahr-Jubiläum Pibers auf die Reitbahn bat. Ein wenig sah man dem alten Herrn die Jahre schon an, die Muskulatur war nicht mehr ganz so straff, aber die Haltung nach wie vor erstklassig. Die standing ovations nahm Siglavy Beja huldvoll und mit eleganter Grandezza entgegen. Zwei Wochen danach starb er, fast 35 Jahre alt. Später erzählte man sich, Siglavy Beja hätte nur noch auf diesen letzten fulminanten Auftritt gewartet.

Die Hohe Kunst des Reitens

Oben:
Die Arbeit am langen Zügel – eine Herausforderung an die Konzentrationsfähigkeit von Reiter und Pferd.

Gegenüberliegende Seite:
Die *Schulen über der Erde* werden, unter dem Reiter, in der Spanischen Reitschule ohne Steigbügel ausgeführt: Der Sitz ist tiefer, die Verbindung zwischen Pferd und Reiter damit intensiver. Vom Reiter verlangt dies in jedem Fall einen perfekten Sitz und absolutes Gleichgewicht.

Die wiederentdeckte Antike

Um zu begreifen, wie viel Ausdauer und Disziplin nötig ist, bis ein Lipizzaner und mit ihm der Bereiter – denn bei der Hohen Schule geht es um die Ausbildung von Pferd und Mensch – »bühnenreif« ist, müssen wir nochmals einen kurzen Ausflug in die Geschichte unternehmen. Denn die Hohe Schule der Pferdedressur hat eine lange Tradition.

Die Jahrhunderte im Schnelldurchlauf: Es beginnt in der Antike mit Xenophon, von dessen Verdiensten und Werken bereits eingangs die Rede war. Knapp 2000 Jahre später – wir sind in der Zeit um 1500 angelangt – besann man sich in der Epoche der Renaissance auf die Antike, deren Baukunst, Literatur und Bildhauerei man ebenso zu neuem Leben erwecken wollte wie deren Wissen um Pferdezucht und Reitkunst.

Einer der ersten, der die alten Lehren zeitgemäß verarbeitete und in einem berühmten Buch niederschrieb, war der neapolitanische Reitlehrer Federico Griso, den der Leiter der ersten modernen europäischen Reitschule, Giovanni B. Pignatelli, an sein Institut berief. Im Jahr 1552 erschien Grisos Buch *Gli ordini di cavalcare,* und wer es heute liest, wird sich wundern, mit welch rüden Mitteln Griso junge Pferde ausbildete. Grisos Verständnis für die Seele eines Pferdes war wohl eher minimal, allerdings muss man auch wissen, dass der Neapolitaner ein ziemlich widerspenstiges Pferd gewesen ist, das sich nicht leicht erziehen ließ. Dennoch: Grisos Arbeit gilt als erster gezielt methodischer Kanon zur Ausbildung von Pferd und Reiter.

Das Ziel dieser Reitlehre war allerdings nicht, eine Art sich selbst genügende Kunst zu entwickeln. Vielmehr ging es darum,

Kleines Wörterbuch der Hohen Schule

Durchlässig ist ein Pferd, wenn es sensibel auf die feinsten Hilfen seines Bereiters reagiert.
Wenn die Hinterbeine eines Pferdes exakt in die Hufspuren der Vorderbeine treten, so spricht man vom _Einfachen Hufschlag_.
Die Hinterbeine eines Pferdes werden _Hinterhand_ genannt, die Vorderbeine _Vorderhand_.
Auffußen bedeutet, dass die Hufe auf dem Boden aufschlagen – im Schritt gleichseitig, aber ungleichzeitig (es sind vier Hufschläge zu hören), im Trab fußen die Beinpaare diagonal immer kurz hintereinander auf (zwei Hufschläge sind zu hören), im Galopp schließlich sind drei Hufschläge zu hören: zuerst das äußere Hinterbein, dann das innere Hinterbein und das äußere Vorderbein gleichzeitig, zuletzt das innere Vorderbein.
Hanken bezeichnen die Hüft-, Knie- und Sprunggelenke der Pferde, die gezielt zur _Hankenbeugung_ gymnastiziert werden. Eine perfekte, kraftvolle Hankenbeugung ist für die Hohe Schule unerlässlich, garantiert sie durch das verstärkte Untersetzen der Hinterhand unter den Bauch des Pferdes doch das perfekte Gleichgewicht. In Zusammenhang mit diesem »Untertreten« des Pferdes steht auch die _Versammlung_, bei der bei leicht gebeugten Hanken die Vorderhand entlastet und die Schubkraft in Tragkraft umgewandelt wird.

den Reiter so gut auszubilden, dass er um die Fähigkeiten des Pferdes ganz genau Bescheid wusste und diese jederzeit beherrschen und nützen konnte. Im Turnier, in der Reitschule, für Paraden und zur Repräsentation, aber auch in den Schlachten der Kriege.

Giovanni Pignatellis und Federico Grisos Lehren wurden von drei französischen Reitmeistern weitergeführt: Salomon de la Broue, Chevalier de Saint-Antoine und vor allem Antoine de Pluvinel. Pluvinel, ein Schüler Pignatellis und Reitlehrer des späteren französischen Königs Louis XIII., hielt seine Prinzipien in *Instruction du Roi en l'art de monter à Cheval* fest. Er empfahl erstmals die Pilaren, um das Pferd am Platz zu halten, und für die Arbeit mit dem Pferd an der Hand den Kappzaum.

Illustrationen aus der *Encyclopédie* von Denise Diderot und Jean Baptiste d'Alembert: Croupade (oben), Kapriole (unten) und Piaffe zwischen den Pilaren (ganz unten).

Im 17. Jahrhundert erschienen nun einige Werke zur Reitkunst, auch in Deutschland, wo man sich sowohl praktisch als auch theoretisch der Kriegskunst zu Pferde widmete. Doch erst im 18. Jahrhundert betrat wieder ein Genie die Bühne der Hohen Schule: François Robichon de la Guérinière. Der Oberststallmeister am Hof König Louis' XV. verfasste das im wahrsten Sinn des Wortes epochale Werk *École de Cavalerie,* in dem er nicht nur eine moderne, geschmeidige Art des Reitsitzes propagierte, sondern auch das sogenannte »Schulterherein«, eine Schlüssellektion der klassischen Hohen Schule.

Die beiden letzten theoretisch-methodischen Grundlagen für die Hohe Schule an der Spanischen Reitschule stammen schließlich von dreien ihrer Oberbereiter: Im Jahr 1898 verfasste der aus Berlin

gebürtige Franz Holbein von Holbeinsberg gemeinsam mit Maximilian Weyrother und Johann Meixner die *Directiven für die Durchführung des methodischen Vorganges bei der Ausbildung von Reiter und Pferd in der k. u. k. spanischen Hofreitschule,* und Alois Podhajskys *Die klassische Reitkunst* gilt nach wie vor als ein grundsätzliches Lehrbuch für die Dressurreiterei an sich.

Sie alle haben ihre Gültigkeit – Xenophon, der die Mentalität des Pferdes wie kaum ein anderer schon früh erkannte, Griso, dem man als Pionier zumindest Respekt zollen kann, Pluvinel und La Guérinière, die wesentliche Fortschritte in der Hohen Schule machten und schließlich die »Wiener« Reitlehren Holbeinsbergs, Weyrothers, Meixners und Podhajskys. Doch all das bleibt graue Theorie gegenüber der intensivsten Schule der Reitereleven und der jungen Hengste, die diese letztlich zu Meistern ihrer Kunst macht: die mündliche Weitergabe des praktischen Wissens von Generation zu Generation.

Gegenüberliegende Seite: Die Ausbildung und das Gymnastizieren der Hengste folgen dem früh erkennbaren Talent jedes einzelnen Tieres. Im Laufe der Zeit verfeinert sich diese Arbeit und führt zu perfekt trainiertem Spezialistentum. Denn nicht jedes Pferd ist dazu geboren, Courbetten (wie gegenüber) oder Kapriolen zu springen.

Üben, üben, üben!

Wenn wir in den Vorstellungen der Spanischen Hofreitschule die perfekte Harmonie zwischen Reiter und Pferd innerhalb einer nicht weniger perfekt ablaufenden Choreografie sehen, scheint all das von großer Selbstverständlichkeit zu sein. Doch hinter dieser Perfektion stecken jahrelange Arbeit, tägliches Training und unendliche Geduld.

Alles beginnt mit der Ankunft der jungen Hengste aus Piber. Sie wurden in einem sorgfältigen, langwierigen Verfahren in Piber ausgewählt, sind dreieinhalb Jahre alt, Kleinkinder auf vier Beinen – fröhlich, ausgelassen und in Bezug auf jede Art von Dressurausbildung eine Art tabula rasa. Doch in jedem dieser jungen Hengste steckt das Potenzial zu einem erstklassigen athletischen Spezialisten, zu einem großen Schulhengst.

Unten: Oberst Alois Podhajsky (stehend) beim Training in der Spanischen Hofreitschule. Fotografie, 1958.

Trainingsstunde am langen Zügel: Diese Lektionen erfordern vom Pferd ein hohes Maß an Durchlässigkeit.

Welche Begabung ein junger, unausgebildeter Hengst hat, sehen Kenner sehr bald. Es beginnt damit, dass die jungen Pferde vor dem Team der Bereiter frei in der Reithalle laufen dürfen. Sehr schnell erkennen die Bereiter nun, was in den ausgelassenen Tieren steckt: Ist einer zum Beispiel empfindlich und kitzlig und springt bei der geringsten Berührung mit allen vier Beinen in die Luft, ist anzunehmen, dass er später sein Publikum mit ausgezeichneten Kapriolen begeistern wird. Andere wiederum reagieren auf alles und jeden mit einem kraftvollen Steigen auf die Hinterhand – wahrscheinlich wird er die Zuseher in fünf bis sechs Jahren mit eleganten Courbetten bezaubern.

Etwa einer unter hundert: Nicht alle Lipizzanerhengste schimmeln aus. Doch wenn sich ein dunkler Hengst als talentiert erweist, wird er in der Spanischen Hofreitschule trotz seines »unangepassten« Äußeren aufgenommen. Traditionell nämlich gelten die dunklen Lipizzaner als Glückspferde.

Doch so weit sind wir noch lange nicht. Neben der Beurteilung der körperlichen Voraussetzungen wird auch die seelische Konstitution der zu dieser Zeit noch dunkelgrauen Hengste genau beobachtet. Manche können vor lauter Temperament kaum an sich halten, manche sind in der Gruppe wahrhafte Alpha-Tiere, manche sind geduldig und freundlich, manche reagieren schnell und ungehalten, manche lassen allem und jedem gegenüber Langmut walten. Und so wie die körperlichen Vorzüge und Begabungen gezielt ausgebildet und eingesetzt werden, nützen die Bereiter auch die psychische Veranlagung. Denn kann ein temperamentvoller Hengst auch alle anderen Pferde mitreißen, so vermag ein stilles, vielleicht sogar bequemes Pferd eine ganze Gruppe zu beruhigen. Gelehrig ist auch ein

Ein Junghengst – erkennbar am grauen Fell – während einer Trainingsstunde.

Trainingsstunden in der Winterreitschule: Zwischen den Pilaren ein Schulhengst in der Piaffe, im Vordergrund wird die perfekte Levade geübt. Ganz links ein Eleve auf einem Hengst, an der Longe geführt von einem Ober - bereiter. Für die Reitbahn gilt übrigens strenges Gesetz: Betreten werden darf sie nur von Vierbeinern oder von Zweibeinern in Uniform!

ruhiges Pferd, und später, wenn es ausgebildet ist, kann es seinen menschlichen Kollegen helfen und einen lampenfiebrigen jungen Bereiter im wahrsten Sinn des Wortes in aller Ruhe durch dessen erste Vorführung tragen.

Das intensive Training beginnt mit dem Geradeausreiten *(Remontenausbildung)* in allen Gangarten – also Schritt, Trab und Galopp. Das Pferd lernt so sein Gleichgewicht zu finden, einen Reiter auf seinem Rücken zu tragen und erste Hilfen und Hinweise dieses Reiters anzunehmen.

Mit der *Campagneschule* beginnt das gezielte Training aller Muskelpartien. Bein- und Rückenmuskulatur werden gestärkt und die Schubkraft der Hinterhand geschult. Danach werden langsam Seitengänge, Versammlung, Wendungen und Touren geübt.

Erst in der dritten Ausbildungsphase wird mit der Hohen Schule begonnen. Nun stellt der Bereiter, der sein Pferd so weit gebracht hat, fest, ob Leistungsfähigkeit und Lernbereitschaft weiter gefördert werden können – ob das Pferd dieses »Mehr« in sich trägt, das es vielleicht zu einem Star der Spanischen Reitschule macht. Wenn ja, beginnt die intensive Ausbildung der Hohen Schule und, wenn es sich um einen besonders talentierten, körperlich kraftvollen und willensstarken Hengst handelt, auch jene in den Schulen über der Erde.

Bereits bei solch ausgelassener Herumtollerei erkennen erfahrene Oberbereiter die speziellen Talente ihrer zukünftigen Schulhengste.

Es ist eine Mischung aus Förderung und Forderung – und zwar immer im Hinblick auf die Grundveranlagung des Pferdes. Diese Gymnastik wird langsam und konsequent, behutsam und ohne Leistungsdruck durchgeführt und dauert – bis aus dem Junghengst ein Schulhengst geworden ist – rund sechs Jahre.

Man kann die Hohe Schule als eine Art Verfeinerung der Natur betrachten, als eine Zähmung und Kultivierung grundgelegter Eigenheiten und natürlicher Gangarten der Pferde. Denn die Gänge und Sprünge der ausgebildeten Schulhengste sind nichts, was ihrer Natur widerspricht.

Die Gangarten der Hohen Schule

Um an einer Vorführung in der Spanischen Reitschule oder auch am Zusehen bei der vermeintlich gemächlich ablaufenden Morgenarbeit noch mehr Vergnügen zu haben, ist es hilfreich, die Geheimnisse der Hohen Schule wenigstens in den Grundzügen zu lüften.

Dass für Pferde, Bereiter und Bereiteranwärter vor allem die Prämisse »üben, üben, üben« gilt, dass das richtige und effiziente Gymnastizieren des Pferdes und seine natürliche Veranlagung die Grundvoraussetzungen für die Hohe Schule sind, wissen wir bereits. Doch wohin führt all das? Wie heißen die kunstvollen Figuren, die die Pferde ausführen? Und welche unbekannten Traditionen stecken womöglich hinter den einzelnen Gangarten?

Als Faustregel kann man sagen, dass die Hohe Schule, deren Grundlagen bekanntlich in der Renaissance ausformuliert wurden, nicht bloß eine Sache von *L'art pour l'art* war. Vielmehr hatte die Dressurausbildung von Pferd und Reiter immer mehrere Aspekte. Und darunter war über die Jahrhunderte auch jener, das Pferd als Mitglied eines Reiterheeres in Schlachten sicher im Griff zu haben.

Viele Lektionen, ob auf oder über der Erde, werden sowohl unter dem Reiter als auch an der Hand geübt und im Laufe der Jahre zur Vollkommenheit gebracht. Die *Schulen auf der Erde* sind – wie der Begriff schon sagt – Lektionen ohne Sprünge, jene *über der Erde* höchst komplizierte Figuren, bei denen sich das Pferd entweder auf der Hinterhand balancierend erhebt oder überhaupt einen Sprung vollführt. Vor allem die *Schulen über der Erde* verlangen von Pferd und Reiter perfekte Körperbeherrschung, absolutes Gleichgewicht und damit ein Höchstmaß an Grundbegabung, die über viele Jahre des ununterbrochenen Übens zur Perfektion ausgebildet wird.

Schulen auf der Erde

Schulterherein: Diese Übung ist eine Schlüssellektion für alles weitere, denn das Schulterherein bereitet das Pferd darauf vor, die Vorderhand zu entlasten, indem es mit der Hinterhand stärker unter den Leib setzt. Im Grunde ist Schulterherein ein Übertreten des inneren Vorderbeins über das äußere – ein gleichzeitiges vorwärts und seitwärts Gehen –, woraus sich letztlich sämtliche Seitengänge in der Dressur entwickeln.

Traversale (gegenüber unten): Bei dieser auf zwei Hufschlägen vorwärts und seitwärts gerittenen Lektion wird das Pferd um den inneren Schenkel gebogen.

Passage oder Spanischer Tritt (links): Diese elegante Gangart wird ausschließlich unter dem Reiter vollführt und gilt als eine Ableitung des natürlichen Imponiergehabes eines Hengstes. Es ist ein Trab, bei dem die Unterarme des Pferds fast bis zur Waagerechten angehoben werden und die Hinterhand viel Gewicht aufnehmen muss. Dadurch verzögert sich die Geschwindigkeit der Fortbewegung – das Pferd schwebt sozusagen im Takt.

Piaffe (gegenüber oben – am langen Zügel): Dabei handelt es sich um eine Art Trab auf der Stelle oder allerhöchstens mit einer Hufbreite

Raumgewinn. Die Hinterhand ist deutlich gesenkt, um das Eigengewicht des Pferdes aufnehmen zu können. Die Vorderhand federt während des diagonalen Abfußens von einem Beinpaar auf das andere kräftig auf der Stelle ab.

Pirouette: »Auf Tellers Größe tummeln« nannten die alten Reitmeister diese heikle Übung. Bei ihr springt der Schulhengst im versammelten Galopp in sechs bis acht Sprüngen einen möglichst kleinen Kreis, ohne dabei Raum zu gewinnen. Die Übung sieht dann besonders elegant aus, wenn sie rhythmisch flüssig und in schönem Gleichgewicht abläuft.

Levade: Mit dem gesamten Gewicht auf der Hinterhand mit stark gebeugten Hanken erhebt das Pferd Vorderhand und Körper in einem Winkel von rund 35 Grad. Eine Variation der Levade ist die Pesade, bei der das Pferd in einem höheren Winkel steht, die Hanken sind weniger gebeugt.

Courbette: Dabei handelt es sich um einen Sprung mit immensem Kraftaufwand, denn ohne mit der Vorderhand aufzusetzen, vollführt das Pferd auf der Hinterhand mehrere Sprünge vorwärts. Ein Meisterstück – für den Schulhengst und den Reiter!

Kapriole
Aus der Piaffe springt das Pferd mit allen vier Beinen gleichzeitig hoch und schlägt – oder streicht – mit der Hinterhand kraftvoll aus. Der Körper des Hengsts schwebt dabei waagrecht in der Luft, die Vorderhand ist angezogen. Diese Königslektion diente einst dazu, Pferd und Reiter im Getümmel einer Schlacht Platz zu verschaffen.

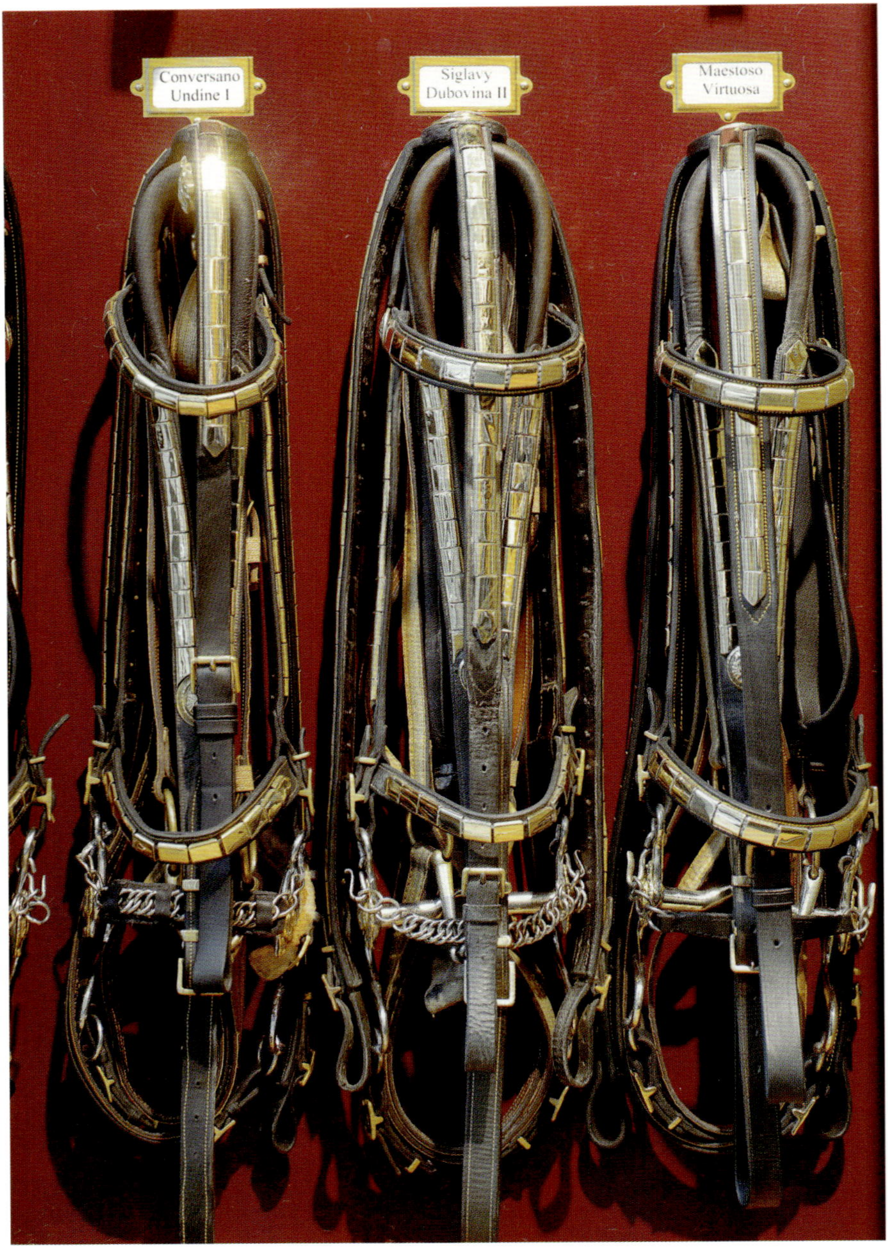
Conversano
Undine I
Siglavy
Dubovina II
Maestoso
Virtuosa

Keine Zeit für Müssiggang

Oben:
Auf dem Weg zum morgendlichen Training in der Winterreitschule.

Gegenüberliegende Seite:
Jeder einzelne Schulhengst hat seinen eigenen Sattel, seine eigenen Trensen und natürlich seinen eigenen »Goldzaum« für die Vorführungen. Der Stallmeister achtet darauf, dass die Messingplättchen immer auf Hochglanz poliert sind.

Arbeitsalltag: Zwischen Stall und Sattelkammer

Die Spanische Hofreitschule ist ein perfekt durchorganisiertes Unternehmen, in dessen Mittelpunkt – und das ist das Einzigartige – höchst sensible Lebewesen auf vier Beinen stehen. Es sind die Lipizzanerhengste, um die sich hier alles dreht und die mit jeder nur erdenklichen Sorgfalt behandelt werden. Und zwar ab dem ersten Tag, den sie als junge, ungeschulte Hengste in Wien verbringen.

Alles beginnt im Stall, dessen professionelle Organisation in den Händen des Stallmeisters liegt. Hannes Hamminger, der Stallmeister, ist dabei für alles zuständig: Die Aufstellung der Pferde in

Damit der Alltag im Stall in einem reibungslosen Ablauf funktioniert, dirigiert der Stallmeister mithilfe wöchentlich zusammengestellter Organisationspläne zum einen eine Reihe von Pferdepflegern und die jungen Eleven und Elevinnen, die sowohl im Stall als auch in der Sattelkammer mitarbeiten müssen, um sämtliche Abläufe im Hintergrund zu lernen und zu verstehen. Dazu kommen noch einige Fachpraktikanten, zum Teil Schüler einer Fachschule für Pferdewirtschaft, zum Teil Studenten an der Universität für Veterinärmedizin.

den Boxen, die Ernährung der Pferde, die Pflegeutensilien, die Sattelkammer, die Reparatur von Satteln und Zaumzeug und vieles mehr.

Der Stallmeister ist vor allem aber derjenige, der jedes einzelne Pferd kennt, seine Vorzüge und seine sensiblen Punkte, seine Launen und seine liebenswürdigen Eigenheiten. Würde man alle 73 Hengste der Spanischen Hofreitschule in einem wilden Durcheinander auf eine Koppel treiben – für den Stallmeister wäre die Herde eine Ansammlung von Individuen, deren jedes er auf Anhieb benennen könnte. Das ist wichtig, denn allein die Aufstellung der Pferde im Stall benötigt diese Verbundenheit in hohem Maß. Da wird nichts dem Zufall überlassen, sondern alles entsprechend der charakterlichen Veranlagung der Tiere festgelegt. Neugierige Pferde zum Beispiel bekommen Eckboxen, um einen möglichst großzügigen Gesichtskreis zu haben. Langmütige Hengste stehen neben Alpha-Tieren, extrovertierte neben introvertierten – den einen gibt es Temperament, dem anderen vermittelt sein Kollege ein wenig Ruhe. Letztlich bedeutet die gedeihliche Nachbarschaft zwischen

Besonders aufgeweckte Lipizzanerhengste bekommen ihr eigenes »Kino«: Sie stehen in den neuen Außenboxen, wo sie einen Überblick über den ganzen Hof der Stallburg haben. Hier sehen sie, wer kommt und wer geht, und sie können aufgeregt und einigermaßen lautstark den frisch aus der Steiermark angereisten Nachwuchs begrüßen, wenn er in die Stallgemeinschaft eingeführt wird.

Wer sich den Lipizzanerhengsten besonders verbunden fühlt, kann eine Pferde- oder Fohlenpatenschaft übernehmen. Das bedeutet einen zweckgebundenen Jahresbeitrag für ein bestimmtes Pferd. Natürlich darf der Pate sein Pferd dann und wann besuchen und vor allem während der Morgenarbeit und im Rahmen der Vorführungen die Fortschritte seines Schützlings beobachten. Patenschaften können sowohl Privatpersonen übernehmen als auch Firmen.

den einzelnen Tieren einen guten Energiehaushalt, der wiederum zu ausgezeichneten Trainings- und Ausbildungsresultaten führt.

In dieses sensible Biotop müssen jedes Jahr die Junghengste eingeführt werden. Wenn sie im Winter aus Piber kommen, dürfen sie vorerst benachbarte Boxen beziehen, weil sie ihre ersten Lebensjahre gemeinsam auf einer Koppel in Piber verbracht haben. Nach einer Eingewöhnungsphase – auf beiden Seiten, denn die älteren Pferde müssen die jungen ja erst akzeptieren – werden sie in die Gemeinschaft der weißen Gentlemen integriert. Dann geht es an die Arbeit, und die »Buben«, wie sie liebevoll genannt werden, bekommen ihre endgültigen Boxen zugeteilt. Eine Aufgabe, die nie zur Routine wird, sondern immer eine gewisse Herausforderung bleibt.

Zurzeit stehen 73 Hengste im Stall in Wien. Eine Zahl, die aufgrund der Gegebenheiten – die Stallungen in der Hofburg können natürlich nicht erweitert werden – bisher etwa gleich blieb. Mit dem Jahr 2010 wird sich das wesentlich ändern, denn auf dem Heldenberg bei Kleinwetzdorf im niederösterreichischen Weinviertel, wo die Hengste bislang ihre Sommerfrische verbrachten, ist nun eine Reithalle fertig gestellt. Musste man sich bisher auf vier bis fünf Junghengste pro Jahr beschränken, besteht ab nun die Möglichkeit, bis zu fünfzehn Hengste auszubilden, und ab dem ersten oder zweiten »Schuljahr« können die Besten für die Spanische Reitschule ausgewählt werden.

Den empfindlichen Tieren die richtigen Pfleger zuzuteilen, ist eine weitere heikle Aufgabe des Stallmeisters. Manchmal jedoch wird sie ihm gewissermaßen abgenommen – dann nämlich, wenn ein Pfleger zu ihm kommt und um ein bestimmtes Pferd bittet: Oft war schon die Beziehung zum Vater des Junghengsts eine glückliche, also möchte man gerne auch dessen Sohn unter seine Obhut nehmen.

Wenn die Junghengste aus Piber kommen, sind sie Natur und große Koppeln gewöhnt. Um ihnen die Anpassung an das Leben im Stall zu versüßen, dürfen sie in den ersten Wochen so oft wie möglich in die Reithalle und dort frei und ungehindert laufen und sich bewegen.

Der Pfleger jedes Hengsts weiß ganz genau, was sein Schützling mag und braucht oder was er partout nicht leiden kann. In

Fünf bis sechs Pferde nimmt jeder Pfleger unter seine Fittiche. Er füttert, putzt und striegelt, kontrolliert die Hufe, achtet auf den allgemeinen Zustand seiner Schützlinge, ob genug gefressen wird, die Verdauung klaglos funktioniert, die Boxen so sauber sind, wie es sein soll. Der Dienst der Hauptpfleger beginnt um sechs Uhr morgens und dauert bis halb drei Uhr am Nachmittag. Die Bindung zwischen Pfleger und Pferd ist innig. Wenn ein Junghengst das erste Mal auftritt, kann man mit ziemlicher Sicherheit annehmen, dass dessen Pfleger zusieht und dem Debütanten voller Stolz die Daumen hält.

drei Schichten wird gearbeitet, und zwar nicht allein, um zu füttern, zu striegeln und die Boxen zu säubern. Sondern um jeder Eventualität begegnen zu können, um zu beruhigen, wenn die Harmonie einmal ein wenig angekratzt ist, um zu ermuntern, wenn sich ein müder Tag ankündigt, um mit den Pferden zu sprechen, ihnen Zuwendung zu geben. Es ist ein Team aus Pferdeflüsterern, das hier zugange ist!

Vollständig ist die hippophile Menage à trois aber erst mit dem Bereiter. Denn er ist, wenn auch auf andere Weise, ebenso für ein Pferd zuständig wie der Pfleger. Auch der Bereiter kommt oft in den Stall, kümmert sich um sein Pferd nicht nur während des Trainings und der Vorführung. So ist die Entscheidung, welcher Bereiter oder Bereiteranwärter einen jungen Hengst ausbilden wird, eine, die Stallmeister und Direktor der Reitbahn sehr genau nehmen. Diese Beziehung sollte ja möglichst glücklich sein, denn es kommt vor, dass sie an die zwei Jahrzehnte dauert. Es sind Lebensgemeinschaften, die hier entstehen, und »seine« ausgebildeten Hengste das Lebenswerk jedes Bereiters.

Frühaufsteher

Der Arbeitstag der Hengste und der jeweils zum Dienst eingeteilten Bereiter, Bereiteranwärter und Eleven beginnt früh. Um sieben Uhr am Morgen trottet die erste Gruppe von Hengsten mit ihren jeweiligen Betreuern aus den Boxen in der Stallburg hinüber in die Winterreitschule. An den meisten Tagen sind nun

Rund 40 Tonnen Futter, 120 Tonnen Stroh und 140 Tonnen Heu, dazu Karotten, Leinsamen und das Kraftfutter (die Pegus-Pellets): Nichts davon kann gelagert werden, allein der Qualität wegen muss alles immer frisch geliefert werden. Den Überblick über diese Logistik behält der Stallmeister.
Stallmeister, Tierarzt, Bereiter und Pfleger legen sehr sorgfältig das Futter für die Pferde fest. Die Auswahl nimmt dabei sowohl auf das jeweilige Temperament als auch auf die allgemeine körperliche Konstitution der Tiere Rücksicht. Was die Pferde zu speisen pflegen – und zwar exakt dreimal täglich – ist an den Türen der Boxen zu lesen. Zum Speiseplan gehören Müsli von höchster Qualität und natürlich auch Karotten, Leinsamen, weil das gut für ein glänzendes Fell ist, und dann und wann – kleine Geschenke erhalten die Freundschaft – Zuckerstückchen, die sowohl die Pfleger als auch Bereiter den Hengsten in Maßen zukommen lassen. Der Gesundheit der Pferde besonders zuträglich sind zwei Neuerungen, die Hannes Hamminger vor einiger Zeit eingeführt hat: Zum einen bekommen die Hengste Grander-Wasser zu trinken, zum anderen wird das Heu mit effektiven Mikroorganismen energetisiert und belebt.

Die Sattelkammer ist eine wahre Schatzkammer. Hier hängen Zaumzeuge und Sättel für die Ausbildung und die Vorführungen – die einen in klassischem Dunkelbraun, die anderen in elegantem weißem Hirschleder. Jeder Sattel trägt den Namen des Hengstes, für den er verwendet wird. Wenn sich im Laufe der Ausbildung die Muskelstruktur der Pferde verändert, das Tier kräftiger wird, werden die Sättel entsprechend nachjustiert. Viele der Utensilien sind teure Sonderanfertigungen, weil vieles in Wien einzigartig ist, darunter zum Beispiel ganz spezielle Dressurtrensen, deren Mundstück zarter ist als das der üblichen. Dafür wird repariert, was möglich ist. Zaumzeuge in der Sattelkammer der Spanischen Hofreitschule sind manchmal bis zu fünfzig Jahre alt! Die hervorragende Materialqualität ist eine Sache, die sorgfältige Pflege all dieser Utensilien eine andere. Zuständig dafür: ebenfalls der Stallmeister.

drei Stunden Zeit, bevor die ersten Besucher zur öffentlich zugänglichen Morgenarbeit eintreffen.

Das Training muss jeder Ausbildungsstufe von Eleven, Bereiteranwärtern und vor allem den Hengsten gerecht werden. Und nachdem sowohl das Gymnastizieren nach der Grundausbildung, aber auch die Remonten- und die Campagneschulung nur die gewünschten Ergebnisse bringen, wenn sie konsequent und regelmäßig durchgeführt werden, ist ein ausgewogener Trainingsplan das Um und Auf einer erfolgreichen Ausbildung und – in weiterer Folge – jeder Vorführung.

Jede Trainingsphase braucht ihren Raum in der Reithalle und ihre Zeit im Arbeitsablauf. Eleven üben den perfekten Sitz auf dem Pferd – jahrelang – an der Longe. Am anderen Ende der Longe befindet sich der Bereiter, der diesen jüngsten Mitgliedern der Equipe Hinweise gibt und die Haltung korrigiert. Zeit brauchen auch die Bereiteranwärter, die ihre ersten jungen Hengste ausbilden, vielleicht da oder dort noch nicht so versiert sind wie ihre älteren Kollegen und manchmal ihre Nervosität auf ihr Pferd übertragen.

Bewegt werden müssen auch die ausgebildeten Hengste. Sechs bis sieben von ihnen reitet ein Bereiter, Oberbereiter oder auch der Direktor der Reitbahn im Laufe eines Arbeitstages. Aber auch unter den Händen dieser erfahrenen Reiter gibt es Unwägbarkeiten: Die milchweißen Stars unterliegen wie wir Menschen Stimmungen. Es gibt sie, die lustlosen Tage, die nervösen, die, an denen einfach nichts weitergeht.

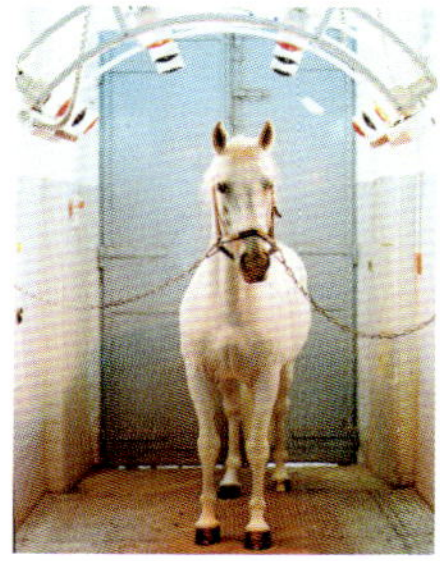

Doch das sind die Ausnahmetage. Wie lustvoll das Training sein kann, können Zuseher an der Morgenarbeit beobachten. Zwei Stunden an meistens fünf Tagen pro Woche ist das Training mit den prachtvollen vierbeinigen Athleten öffentlich. Es geht informeller zu als bei den Vorführungen. Die Bereiter, die gerade kein Pferd reiten, sitzen im Parterre und schauen ihren Kollegen auf die Finger. Eine halbe Stunde wird geritten, werden Lektionen sowohl auf der Erde als auch über der Erde geübt, dann ist Pferdewechsel. Dafür stehen Eleven und Pfleger bereit, die sofort eine

Dieser Schulhengst (oben) genießt nach einem anstrengenden Training die Wärmelampen. Ein geregelter Arbeitsalltag bedeutet nicht zwangsläufig stumpfe Routine – ganz im Gegenteil, wenn es um die Spanische Hofreitschule geht. Denn hier bedeutet der Rahmen aus Reglements ein Höchstmaß an Harmonie und Verlässlichkeit für die Hauptdarsteller, die Lipizzanerhengste. So bedeutet regelmäßiges Striegeln nicht nur das Reinigen des Fells, sondern auch eine wohltuende Massage für die Muskeln und einen innigen Berührungskontakt zwischen Tier und Mensch. Dasselbe gilt für das Überprüfen der Hufe und die allgemeine Inspizierung des Tiers.

Decke über das Pferd legen, damit sich die sensiblen Tiere nicht erkälten.

Die gerittenen Pferde werden nun wieder zurück in den Stall gebracht. Und dort dürfen sie, bevor sie zufrieden wieder in ihre Boxen marschieren, unter Wärmelampen. Das ist gut für die Muskeln, verhindert Muskelkater und fördert die Durchblutung nach einem intensiven Training. Und es scheint auch gut fürs Gemüt zu sein, denn wer einmal einen Lipizzaner unter der Wärmelampe gesehen hat, weiß, wie ein Pferd aussieht, das sich rundum wohl fühlt.

Alle 73 Hengste können unmöglich täglich Bewegung in der Reithalle bekommen. Um einem möglichen Bewegungsmangel zuvorzukommen, konnte dank großzügigem Sponsoring aus der Privatwirtschaft eine beeindruckende Führanlage im Innenhof der Reitschule errichtet werden. Diese Führanlage (für deren Bau auch die Burghauptmannschaft und das Denkmalamt mit Engelszungen überzeugt werden mussten) ist Europas größte – und das hat einen ganz besonderen Vorteil: Dank der Länge der Bahn von insgesamt 132 Metern gibt es nämlich relativ lange gerade Passagen, was dem Rücken und den Gelenken der Pferde gut tut. Denn üblicherweise sind Führanlagen kleiner und verlaufen einer Manege gleich im Kreis, sodass das darin bewegte Pferd immer den Rücken biegen muss. Innerhalb des Ovals der Führanlage liegt die Sommerreitschule. So haben Besucher des Cafés der Spanischen Hofreitschule im Sommer immer wieder das Vergnügen, den Tieren beim Arbeiten zuzusehen.

Vom Eleven zum Oberbereiter

Auch nach zehn Jahren, also jener Zeit, in der der Weg vom Eleven über den Bereiteranwärter zum Bereiter geführt hat, stehen die Mitglieder der Equipe eigentlich noch am Beginn der Meisterschaft. Erst dann, wenn zwei bis drei Pferde vollständig ausgebildet wurden, fühlt sich ein Bereiter als Meister seiner Zunft.

Es ist eine Frage penibler Organisationspläne, um den Hengsten ein perfekt ausgewogenes Programm aus Bewegung und Ruhe zu verschaffen. Dafür ist gemeinsam mit dem Stallmeister der Direktor der Reitbahn, Ernst Bachinger, verantwortlich.

Trainiert werden allerdings natürlich nicht nur die bereits ausgebildeten Schulhengste. Vor allem müssen die jungen Hengste ausgebildet werden und mit ihnen die Eleven und die Bereiteranwärter. Diese wiederum arbeiten nicht allein mit den ihnen zugeteilten Pferden, sondern grundsätzlich unter der Aufsicht eines erfahrenen Oberbereiters.

Die Ausbildung zum Bereiter an der Spanischen Reitschule ist einzigartige und langwierig. Junge Männer und mittlerweile auch junge Damen beginnen im Alter ab etwa fünfzehn bis zwanzig Jahren. Idealerweise können sie zumindest auf einem Pferd sitzen, sind aber keine jahrelangen Reiter. Denn in diesem Fall könnten sich Unarten in Sitz und Umgang mit dem Pferd eingeprägt haben, die man nun mühsam wieder ausmerzen müsste. Gerne wird auch gesehen, dass die Bewerber eine abgeschlossene Schulausbildung oder Lehre haben, weil die Drop-out-Rate nicht unerheblich ist.

Eine fundamentale Neuerung – und doch wieder auch nicht: Die Equipe der Spanischen Hofreitschule war jahrzehntelang eine männliche Domäne. Obwohl in der Ära Maria Theresias die Damen des Hofes und des Adels selbstverständlich an den Karussells teilnahmen und wohl auch die leidenschaftliche Reiterin Kaiserin Elisabeth die Winterreitschule nützte, kamen seit dem Ende der Monarchie nur Herrn auf den Rücken der Lipizzanerhengste in Wien. Im Herbst 2008 wurden erstmals zwei Elevinnen aufgenommen, eine davon, Hannah Zeitlhofer, ist geblieben und gilt wie ihre jungen männlichen Kollegen als große Hoffnung. Das Training, ohne Steigbügel mit Eleganz aufzusitzen, ist für alle Eleven eine harte Schule.

Wird ein Bewerber als Eleve aufgenommen, beginnt eine anstrengende Ausbildung, die – je nach Engagement und Begabung – vier bis sechs Jahre dauert. In dieser Zeit müssen die Eleven im Stall Dienst versehen, Sättel und Zaumzeug pflegen, aber auch am korrekten Sitz auf dem Pferd arbeiten und das Aufsitzen ohne Steigbügel lernen. Bei all dem stehen sie natürlich unter ständiger Aufsicht des Stallmeisters auf der einen Seite und der Bereiter sowie des Direktors der Reitbahn auf der anderen Seite. Nach dieser

Grundausbildung kommt die erste große Hürde: die Beurteilung und die Entscheidung, ob der Eleve oder die Elevin es geschafft hat und zum Bereiteranwärter ernannt wird.

Es folgen weitere sechs bis acht Jahre als eine Art Geselle der Reitbahn: Jeder Bereiteranwärter bekommt nun ein eigenes Pferd zugeteilt, das ausgebildet werden soll. Dabei arbeiten die Anwärter eng mit den erfahrenen Oberbereitern zusammen. Wissen wird nun verbunden mit reiterlichem Können und mit der Fähigkeit, es den Hengsten zu vermitteln. Gefragt ist in diesen Jahren als Bereiteranwärter nicht mehr nur Disziplin (sie wird nun vorausgesetzt), sondern auch sehr viel Einfühlungsvermögen dem Hengst gegenüber, für den der Anwärter die Verantwortung trägt.

Erst acht bis zehn Jahre nachdem die jungen Reiter als Eleven und Elevinnen in die Spanische Hofreitschule eintraten, bekommen sie die Chance zum Bereiter ernannt zu werden. Eine verantwortungsvolle Aufgabe, denn Bereiter sind die Träger einer sehr alten und dennoch ungeheuer lebendigen Tradition, die nicht zuletzt von mündlicher Überlieferung, von der Fähigkeit, Erlerntes der nächsten Generation zu vermitteln, getragen wird. So prägt die Schule den Bereiter, jeder einzelne Bereiter jedoch in gleichem Maß die Schule.

Eine organisatorische Herausforderung der Extraklasse sind die Tourneen der Spanischen Hofreitschule, die nicht nur in europäische Staaten führen, sondern auch über den Atlantik. Gereist wird in Europa mit einem adaptierten Pferdetransporter – Videoüberwachung, Luftfederung und ein spezieller Bodenbelag, der die Gelenke der Hengste schont, inklusive. Geht die Reise in die USA oder nach Kanada, so wird geflogen. Meist mit zwei verschiedenen Linienflügen, wobei die Pferde im hinteren, abgeschlossenen Teil untergebracht werden. Das Fliegen bewältigen die Hengste mit gewohnter Souveränität. Dass Hirschledersättel, Goldzäume, Trensen und Kandaren sowie Decken und Ersatzbeziehungsweise Reparaturmaterial in ausreichender Anzahl vorhanden sind, dafür ist ebenfalls der Stallmeister zuständig. Neunzig große Tourneekisten fassen alles von der Reituniform bis zum Lederfett. Vorbestellt werden Stroh und Heu, und zwar ein bis zwei Tonnen pro Woche. Nur das Spezialmüsli wird aus Wien mitgenommen.

Hirschleder und Kammgarn

So elegant wie ihre Pferde sind auch die Bereiter. Ihre Uniformen, die sie während der Morgenarbeit, vor allem aber während der Vorführungen tragen, haben eine lange Tradition. Sie stammen aus dem 19. Jahrhundert und sind tatsächlich eine Dienstkleidung, die aus mehreren Elementen besteht.

Neben den hier beschriebenen Teilen der Dienstkleidung verfügt jeder Bereiter außerdem über einen Uniformmantel und eine Sommeruniform. Zu besonderen Anlässen und auf Anweisung des

Direktors der Reitbahn schlüpfen die Bereiter in ihre rote Galauniform.

Uniformfrack

Aus kaffeebraunem Trevirakammgarn wird der taillierte Uniformfrack geschneidert. Das hochgeschlossene Kleidungsstück trägt an der Brustseite zwei Reihen mit je sechs glatten Messingknöpfen, von denen sich weiters je zwei an den Ärmeln und zwei an der Rückseite in der Schoßnaht befinden. Im linken Frackschoß übrigens verbirgt sich eine Zuckertasche.

Reithose

Die maßgeschneiderte Reithose ist eine Rundbundhose aus weißem Hirschleder. Für den perfekten Sitz der Hirschlederreithose sorgen die Schlitze links und rechts im Bund sowie ein zweigeteilter, am Vorderteil der Hose angenähter Gürtel, der im Rücken zu schließen ist. Und damit die Hose an den Fesseln nicht rutscht oder womöglich unelegant hinaufgleitet, hat sie Streckbänder. Aus weißem Hirschrauleder sind auch die Handschuhe der Bereiter.

Zweispitz

Am 20 cm langen, 40 cm breiten und 15 cm hohen Zweispitz der Bereiter kann man ihre Position innerhalb der Equipe erkennen. Und zwar an der Goldborte, die mit einem goldenen Uniformknopf befestigt ist und quer über den Zweispitz verläuft. Die Goldborte von Oberreitern und Bereitern ist 3,5 cm breit, jene von Bereiteranwärtern 1,5 cm und die schmalste mit 1 cm gehört den Eleven. Nur die Rosette aus Moiré unter dem Goldband misst bei allen dieselben 10 cm. Getragen wird der mit weißer oder schwarzer Seide gefütterte Zweispitz übrigens der Breite nach.

Stulpenstiefel
Der »Zauber der Montur« setzt sich fort in den eleganten hohen schwarzen Lederstiefeln mit dem hochgezogenen Knieteil. Auf dem 10 cm hohen Afterteil der mit braunem Leder gefütterten Stiefel sitzt ein Ledersporn.

Sporen
Verchromter Stahl, ein zweigeteilter Sporenriemen aus schwarzem Leder und eine Halslänge von 4,5 cm – das sind die wesentlichen Daten der Schwanenhalssporen, die ebenfalls zur Grundausstattung der Dienstuniformen gehören. Die *Gerten* der Equipe sind übrigens schlichte Birkenruten, die während eines traditionellen gemeinsamen Ausflugs von den Bereitern im Wienerwald selbst geschnitten werden.

Sommerfrische

Wenn der Sommer ins Land zieht und alle Welt in Urlaub fährt, beginnt auch für die Lipizzanerhengste der Spanischen Hofreitschule die Zeit der Sommerfrische. Seit 2005 geht die Reise Ende Juni, Anfang Juli nach Kleinwetzdorf auf den Heldenberg. Hier, in der freundlichen Hügellandschaft des Weinviertels wird den Stars aus Wien alles geboten, was das Herz für richtige Ferien begehrt: Wiesen, Sonne, Gras, frische Luft.

Das Gelände ist ideal auch für ein Bewegungstraining, das die Pferde nur hier bekommen können: ausreiten. Dazu kommen jeden Tag früh am Morgen vier bis sechs Bereiter aus Wien. Für je

etwa eine Stunde reitet nun jeder von ihnen drei, vier Hengste. Die hügelige Landschaft, die Waldwege, die Wiesenpfade – es ist ein perfekter landschaftlicher Cocktail, der auch in den Ferien dafür sorgt, dass die Muskulatur sowie die Sehnen und Gelenke der Tiere gleichermaßen trainiert und geschont werden.

Ausreiten auf dem Heldenberg.

Versorgt werden auch hier die Pferde von ihren Pflegern, die jeden Morgen mit einem Betriebsbus von der Winterreitschule nach Kleinwetzdorf fahren. So wird zur Abwechslung das Gewohnte gefügt, was wiederum der Ausgeglichenheit der sensiblen Tiere zugute kommt.

Sechs Wochen haben die Hengste Ferien, Mitte August geht es wieder zurück nach Wien. Dann beginnt das täglich Training von Neuem, dem Besucher bei der öffentlichen Morgenarbeit zusehen können. Und Ende August steht dann schon wieder die erste Vorführung auf dem Programm.

Leer steht die Winterreitschule allerdings auch im Juli nicht. Denn während die Hengste Ferien machen, kommen der Nachwuchs und die Mütter aus Piber nach Wien. Sechsmal pro Woche ist im Rahmen von »Piber meets Vienna« ein Spezialprogramm zu sehen. Da toben die Fohlen über jene Reitbahn, wo sonst die Hengste ihre komplizierten Touren gehen. Stürmische Junghengste versuchen ganz unbeeindruckt vom ernsthaft aus der Mittelloge herabblickenden Kaiserbildnis, das sonst respektvoll begrüßt wird, ihre Position in der Herde zu festigen. Und die Stuten zeigen, was sie in Sachen Gespannfahren können.

Gegenüberliegende Seite oben:
Eine besondere Einrichtung auf dem Heldenberg sind die Paddock-Boxen, also ein sogenannter Offenstall, der den Pferden die Möglichkeit gibt, auch in den Ruhestunden die frische Luft zu genießen. Weil es nur eine bestimmte Anzahl solcher Paddock-Boxen gibt, wurde eine Art demokratischer Wechsel eingeführt: Jedes Pferd darf eine Zeitlang die Paddock-Box bewohnen, dann muss es mit seinem Nachbarn wechseln, damit dieser ebenfalls die Möglichkeit hat, die Welt draußen zu beobachten. Für den Stallmeister, der sich natürlich auch hier um seine Hengste kümmert, war es erstaunlich zu sehen, wie gut die Tiere diesen Offenstall annehmen. Schließlich sind sie es gewöhnt, das ganze Jahr über in geschlossenen Boxen zu stehen. Doch auf dem Heldenberg fühlen sich die Pferde so wohl, dass sie sogar im Freien schlafen.

Stars auf der Bühne

Oben:
Piaffe zwischen den Pilaren.

Gegenüberliegende Seite:
Schulquadrille

Elegance und Harmonie

Der Höhepunkt für Pferde und Bereiter ist natürlich, einem aufmerksamen Publikum zu präsentieren, was in langer und intensiver Ausbildung und konsequentem Training gelernt wurde. Die Vorführungen der Spanischen Hofreitschule, in denen alle Finessen der Hohen Schule in der Winterreitschule geritten werden, gehören zum Schönsten und Elegantesten, das man in Wien sehen kann. Bedenken sollte aber jeder Zuseher, dass er es hier nicht mit Maschinen zu tun hat, sondern mit Lebewesen, die wie wir alle Stimmungen und Launen ausgesetzt sind. So sind die Vorführungen der Spanischen Hofreitschule zwar immer wunderschön und gewissermaßen perfekt – und doch ist jede in kleinen Details anders als die vorhergehende. Denn graziös sind die Lipizzanerhengste immer, aber manchmal haben sie einfach Lust auf ein paar Eskapaden.

Ein Warm-up oder ein sogenanntes Abreiten der Pferde vor der Vorführung ist nicht notwendig. Die Tiere sind so ausgezeichnet trainiert und verfügen zudem über den berühmten robusten Charakter, dass sie mehr oder weniger sofort ruhig und diszipliniert gehen. Hier macht sich die langsame und konsequente Ausbildung bezahlt, denn in den knapp zwei Stunden der Vorführung vollführen die Pferde Hochleistungsarbeit. Sowohl für die Bereiter als auch für die Lipizzaner sind die Vorführungen sehr anstrengend. Die Kunst liegt darin, dass diese Anstrengung keinem der beiden anzusehen ist.

Pro Vorführung tritt ein Schulhengst einmal auf. Mehr wäre den Tieren auch nicht zuzumuten. So geht jeder Bereiter, der beispielsweise Teil von drei Programmpunkten ist, mit drei Pferden je Vorführung in die Reithalle. Außerdem sind die Hengste hochqualifizierte Spezialisten – der eine für die Schule auf der Erde, der andere für die Schule über der Erde, wieder andere für die Präzision, die bei der Schulquadrille Voraussetzung ist.

Die Hengste sind sensible Wesen, die jede Stimmung ihrer Bereiter, aber auch im Saal sofort aufnehmen. Während des Trainings kann ein Bereiter, der einen schlechten Tag hat, sein Pferd einem Eleven oder einem Bereiteranwärter übergeben und der Arbeit eine Weile zusehen, um seinen vierbeinigen Kollegen nicht zu beeinträchtigen. Wenn eine Vorführung auf dem Programm steht, geht das natürlich nicht – dann ist auch psychische Selbstdisziplin angesagt!

Levade an der Hand.

Von den jungen Hengsten bis zur Schulquadrille

Es beginnt mit dem ersten Programmpunkt, den jungen Hengsten, die sich gerade im ersten und zweiten Ausbildungsjahr befinden. Angefeuert vom Applaus und von der aufgeregten Stimmung kann es da schon vorkommen, dass einer der tempera-

Kapriole unter dem Reiter.

mentvollen Junghengste Flausen hat, die er gleich auch vorführt – und damit auch die anderen ansteckt. Es ist ein besonders liebenswürdiger Programmpunkt und ein spannender, weil man nie so ganz genau abschätzen kann, was sich der eine oder andere »pubertierende Bub« einfallen lässt.

Gleich danach wird es allerdings ernsthafter. Nun kommen die ausgebildeten Hengste mit ihrem jeweiligen Programm in die Reithalle und führen alle Gänge und Touren der Hohen Schule vor.

Es ist eine harmonische Gesamtinszenierung mit Musik von Mozart über Schubert bis zu Strauß, bei der jeder Bereiter mit seinen athletischen Spezialisten einzelne Lektionen zeigt. Dazu gehört ein synchron »getanzter« Pas de Deux ebenso wie Pirouetten und Formationen. Gezeigt werden Piaffen, Passagen und Traversalen.

Einer der Höhepunkt ist natürlich die Vorführung der Schule über der Erde, also Levade, Courbette und Kapriole. Sie werden sowohl unter dem Reiter als auch am langen Zügel gezeigt. Letzteres ist ein ganz besonderes Erlebnis, das von der engen Vertrautheit zwischen Bereiter und Pferd erzählt. Bei den Touren am langen Zügel geht der Bereiter hinter dem Pferd, dirigiert es nur über den Zügel und über leise Stimmhilfen. Man sieht dem Lipizzanerhengst

Seite 106|107:
Pas de Deux

und dem Bereiter die hohe Konzentration an: Das Pferd hat die Ohren ganz aufmerksam nach hinten zum Bereiter gerichtet und reagiert auf die kleinste Veränderung in der Zugrichtung des Zügels. Es versteht sich von selbst, dass am langen Zügel nur jene Hengste auftreten, die besonders begabt sind und in dieser Begabung durch eine höchst sensitive Ausbildung gefördert wurden.

Den Schluss- und einen weiteren Höhepunkt bildet die Schulquadrille, eine an die Rossballette des Barocks erinnernde Choreografie. Die Lektionen der klassischen Dressur werden dabei von zumindest acht Pferden und ihren Bereitern auf kurzen Linien absolut präzise geritten. Die Schulquadrille dauert etwa zwanzig Minuten und ist damit als längster Programmpunkt eine Herausforderung an die Ausdauer und die Konzentration.

Schulquadrille

Begrüßung des Kaiserbildes in der Loge.

ANHANG

Oben:
Sattelkammer

Gegenüberliegende Seite:
Der Innenhof der Stallburg – prachtvoll geschmückt und mit einem abnehmbaren Dach versehen für ein großes Diner.

Literatur – Auswahl

Gerhard Kapitzke: *Das Pferd von A–Z.* München–Wien, 2003

Georg Kugler: *Lipizzaner. Spanische Hofreitschule. Lipizzaner Museum.* Wien–Graz–Klagenfurt, 2007

Alain Laurioux | Guilleaume Henry: *Die Schulen der Reitkunst. Wien, Saumur, Jerez, Lissabon.* Schwarzenbek, 2009

Sylvia Loch: *Dressur mit leichter Hand.* München–Wien, 2002

Tomáš Míček: *Habsburgs weiße Hengste.* Stuttgart, 1990

Alois Podhajsky: *Spanische Hofreitschule.* Wien, 1941

Wolfgang Reuter: *Lipizzaner und Spanische Reitschule.* Innsbruck, 1983

Hanne Schneider | Stephan Hutt: *Lipica.* Stuttgart, 2004

Danke

an die Teams der Spanischen Hofreitschule und des Lipizzanergestüts Piber: Barbara Sommersacher, Eva-Maria Schöbinger, Ernst Bachinger, Johannes Hamminger, Ines Hubinger und Max Dobretsberger für Zeit, Geduld und Hilfe.

APA/picturedesk.com/Barbara Gindl: 98 u

APA/picturedesk.com/Wilfried Gredler-Oxenbauer: 85

APA/picturedesk.com/Hans Klaus Techt: 91 u

HOFMOBILIENDEPOT: 42 M

IMAGNO/Austrian Archives: Umschlagvorderseite, 8, 9, 14, 15, 16 (2), 22, 23, 26, 27 (2), 28, 29, 31, 42 (o, u), 44

IMAGNO/Peter Korrak: 103

IMAGNO/Barbara Pflaum: 47

IMAGNO/Lois Lammerhuber: 84

IMAGNO/ÖNB/Harry Weber: 46, 48, 49

IMAGNO/Schloss Schönbrunn Kultur- u. Betriebsges. m. H.: 36 (Ausschnitt), 40, 41

IMAGNO/Ullstein: 53, 67, 71

PRIVAT: 10, 11, 12, 69 (2)

SPANISCHE HOFREITSCHULE: 37, 108

SPANISCHE HOFREITSCHULE/René van Bakel: 81, 82, 88, 89, 96 u, 97, 105 u

SPANISCHE HOFREITSCHULE/Gabriele Boisselle: Umschlag Rückseite, 50, 51, 54/55, 56, 57, 60, 61, 62, 63 (2)

SPANISCHE HOFREITSCHULE/Peter Burgstaller: 52, 58 o, 59, 64

SPANISCHE HOFREITSCHULE/Herbert Graf: 20 (3), 21 (3), 24, 32/33, 35(2), 72 (3), 73, 74 (2), 83, 86, 87 (2), 91 o, 92, 93, 94, 96 o, 98 o, 99, 100, 109

SPANISCHE HOFREITSCHULE/Paul Harris: 6

SPANISCHE HOFREITSCHULE/Ines Hubinger: 58 u

SPANISCHE HOFREITSCHULE/Peter Rigaud: 3, 30, 34, 70, 101, 104 105 o

SPANISCHE HOFREITSCHULE/Michael Rzepa: 66, 76, 77 (2), 78, 79, 90, 102, 106/107

SPANISCHE HOFREITSCHULE/Kunsthistorisches Museum, Wien: 17 (2), 19, 39, 43

SPANISCHE HOFREITSCHULE/United States Information Service: 45

SPANISCHE HOFREITSCHULE–BUNDESGESTÜT PIBER/Jan J. A. Hohmann: 65

ABKÜRZUNGEN

o = oben

u = unten

M = Mitte

Die Ziffern beziehen sich auf die Seitenzahl, jene in Klammern auf die Anzahl der Fotografien.

Bibliografische Information der Deutschen Nationalbibliothek
Die Deutsche Nationalbibliothek verzeichnet
diese Publikation in der Deutschen Nationalbibliografie;
detaillierte bibliografische Daten sind im Internet über http://dnb.d-nb.de abrufbar.

2. Auflage, 2013

Die Gestaltung des Schutzumschlags stammt von Christian Brandstätter,
das Lektorat oblag Elisabeth Hölzl, die grafische Gestaltung Barbara Sternthal.
Die Reproduktion der Abbildungen erfolgte u. a. bei Pixelstorm, Wien.
Gedruckt in der EU.
Gesetzt wurde aus der Garamond 10 auf 13 Punkt.

ISBN 978-3-85033-423-5

Christian Brandstätter Verlagsgesellschaft m.b.H. & Co. KG
A-1080 Wien, Wickenburggasse 26
Telefon (+43-1) 512 15 43-0
Fax (+43-1) 512 15 43-231
E-Mail: info@cbv.at
www.cbv.at